Para

Vilma Box Francis

De

27xxx...

En ocasión de

"Especial"

Fecha

26 - 4 - 10

DIOS
llama

A. J. Russell

Dios llama por Arthur James Ltd., Evesham. UK.
Publicado por Casa Creación
Una compañía de Strang Communications
600 Rinehart Road
Lake Mary, Florida 32746
www.casacreacion.com

No se autoriza la reproducción de este libro ni de partes del mismo en forma alguna, ni tampoco que sea archivado en un sistema o transmitido de manera alguna ni por ningún medio –electrónico, mecánico, fotocopia, grabación u otro– sin permiso previo escrito de la casa editora, con excepción de lo previsto por las leyes de derechos de autor en los Estados Unidos de América.

A menos que se indique lo contrario, todos los textos bíblicos han sido tomados de la versión Reina-Valera, de la *Santa Biblia,* revisión 1960. Usado con permiso.

Copyright © 2005 por Arthur James Ltd., Evesham. UK.
Todos los derechos reservados

Publicado originalmente en E.U.A. bajo el título en inglés:
GOD CALLING
Copyright © MCMLIII por Arthur James Ltd., Evesham. UK.
Publicado por Barbour Publishing, Inc.,
P.O. Box 719, Uhrichsville, Ohio 44683
www.barbourbooks.com

Traducción y edición por: Grupo Nivel Uno, Inc.
Diseño interior por: Grupo Nivel Uno, Inc.

Library of Congress Control Number: 2005928593

ISBN: 1-59185-829-1

Impreso en los Estados Unidos de América

05 06 07 08 09 ❖ 9 8 7 6 5 4 3 2 1

Dos que escuchan

Yo no escribí este libro. Ojalá lo hubiera hecho.
De ser así, me habría sentido inmensamente orgulloso. Demasiado orgulloso para mi salud espiritual.
mi sencilla tarea ha sido prepararlo para su publicación y presentación al público. Sin embargo, no ha sido una tarea, sino un privilegio; un honor inmerecido.
Hay una leyenda que dice que por la construcción de la Catedral de Santa Sofía, no fue el Emperador Constantino quien recibió los elogios, sino Eufrasia, una pobre viuda que tomó de su colchón «una brizna de paja, para dársela a los bueyes» que acarreaban el mármol desde los barcos. Eso fue todo; no hizo otra cosa.
No fue una mujer, sino dos, las que escribieron este libro; y no quieren elogios. Han decidido permanecer en el anonimato y que se les conozca como «Dos que escuchan». No obstante, lo que afirman es algo asombroso: que el mensaje les fue dado hoy, aquí en Inglaterra, de parte del Cristo Viviente.
Habiendo leído su libro, les creo.
Por supuesto no creo que Él les haya susurrado todo lo que tiene pensado decirle a esta generación. Pero sí confío en que el Señor abrió sus ojos a muchas cosas que ellas y esta generación necesitamos conocer de veras.
No creo en la inspiración verbal de este libro, ni de ningún otro. Pero sí creo que estas dos mujeres han sido guiadas, y que mucho de lo que está escrito es de veras una guía.
He encontrado que estos mensajes son un estímulo espiritual. Aunque es inadecuado decir esto, como lo es decir que me gusta Inglaterra. Nadie podría haber escrito este libro, a menos que fuera cristiano o cristiana y que estuviera en contacto con el Fundador Vivo del cristianismo.

Oímos mucho acerca del declinar del teatro. Piensa en esto como en una obra de teatro real, de nuestros tiempos. Y nuevamente, como tantas otras veces, «en el mundo estaba ... pero el mundo no le conoció».

Dos mujeres pobres y valientes pelearon con coraje contra la enfermedad y las penurias. Tenían ante sí un futuro sin esperanzas, y una de ellas hasta quería dejar este mundo duro y cruel. Y luego Él habló. ¡Y volvió a hablar!

Día tras día, el Señor viene y las alienta. Y aunque siguen teniendo tribulaciones, tienen gozo y nuevo coraje. Porque Él las inspira con sus promesas para su futuro, cuando su amoroso propósito sea revelado; y con suavidad las reprende por su incredulidad, como lo hizo con sus predecesores en el camino a Emaús.

Abre este libro en cualquier página, y saborea su belleza. Medita en amor sus tiernas frases. Que su maravillosa calidad cale en lo más profundo de tu espíritu.

¿Has perdido la fe? Medita en cualquiera de estas cortas secciones, y volverá a ti como la fe de un niño. Quizá no le veas de pie a tu lado, con su sonrisa de aliento e inspirando confianza; pero sí sabrás que el Señor está allí, como siempre, que sigue esperando grandes cosas de ti, y que siempre está dispuesto a ayudarte a lograrlas.

Si llega el invierno, ¿temes a la pobreza? Vuelve a estas páginas y encontrarás la ley de la provisión: Da y te será dado. Da tu amor, tu tiempo, tu comprensión, date a ti mismo; da todo lo que tienes bajo su guía directa a todos los que necesitan; da tanto al que merece como al que no.

¿Se ha ido tu salud? ¿No mejoras aunque hayas orado largo y tendido? Aquí otra vez encontrarás el incienso de la sanidad; y entenderás por qué Él no quitará el oro del crisol hasta tanto no haya decantado toda impureza y estés tomando la gloriosa forma de tu verdadero ser, esa que su ojo solamente supo anticipar.

No puedes comer miel todo el día. Ni puedes leer este libro de una sola vez. Pero sí podrás leerlo todos los días, un poco cada vez, o varias veces al día.

Podrás recurrir a él en el fragor de una crisis repentina, y cuando lo dejes, estarás de nuevo en calma, sintiendo paz interior.

Podrás abrirlo por la mañana cuando cantan los pájaros a la luz del sol; y al leerlo, el canto de los pájaros se hará eco en tu espíritu, porque también tú estarás cantando tu amor por nuestro Creador-Redentor.

Coloca este libro de «poder diario» en tu bolsillo, en tu cartera o en tu mesa de noche. Dale una copia a tus amigos.

Inhala su espíritu continuamente y vive tu vida en intimidad con el Maestro.

A través de este mensaje, que llegó a dos mujeres solitarias, encontrarás que ya no estás solo y que no eres más uno, sino dos, al estar unido al Gran Compañero y Guía, que es el mismo ayer, hoy y siempre.

A. J. Russell

Si dos están de acuerdo

Otra vez os digo, que si dos de vosotros se pusieren de acuerdo en la tierra acerca de cualquiera cosa que pidieren, les será hecho por mi Padre que está en los cielos. Porque donde están dos o tres congregados en mi nombre, allí estoy yo en medio de ellos (Mateo 18:19-20).

LA VOZ DIVINA

*Escrito por
una de las
«Dos que escuchan»*

En el otoño de 1932, estaba sentada en la sala de un hotel cuando una desconocida se acercó y me entregó una copia de *Sólo para Pecadores* [For Sinners Only], preguntando si lo había leído. Yo respondí que no, y ella me dejó el libro. Luego se retiró.

Al regresar a casa compré una copia para mí.

El libro me afectó de manera curiosa, y sentí que quería que todos mis amigos lo leyeran de inmediato. En realidad, hice una lista con más de cien personas, a quienes me habría gustado enviárselos. Al no ser rica, este deseo debió conformarse con dos copias, que presté a diversas personas, y sobre quienes tuvo poco efecto al parecer.

Al cabo de unos meses lo leí otra vez. Entonces sentí un persistente deseo de ver si podía obtener la guía de la que hablaba A. J. Russell, compartiendo un tiempo en quietud con la amiga con la que vivía en ese tiempo. Era una mujer profundamente espiritual, con una inquebrantable fe en la bondad de Dios, una devota creyente en la oración aunque su vida no había sido fácil.

Yo estaba un tanto escéptica, pero como estuvo de acuerdo nos sentamos con papel y lápiz a mano, y esperamos. Esto fue en diciembre de 1932.

Mis resultados fueron enteramente negativos. Las porciones del texto iban y venían, y luego mi mente divagaba hacia los temas comunes, de todos los días. Aun hoy, no consigo obtener una guía de esta forma nada más.

Sin embargo, a mi amiga le sucedió algo distinto por completo. Desde el comienzo, el Señor mismo le dio hermosos mensajes, y cada día desde entonces estos mensajes jamás nos han fallado.

Nos sentimos indignas, sobrecogidas por esta maravilla, y apenas podíamos entender que Él, personalmente, nos estuviera enseñando, entrenando y alentando día a día a *nosotras,* cuando había millones de almas más valiosas y merecedoras que debían conformarse con la guía obtenida de la Biblia, de los sermones, de sus iglesias, de los libros y otros recursos.

Por cierto no éramos psíquicas ni avanzadas en crecimiento espiritual. Nada de eso. Éramos seres humanos comunes y corrientes, que habíamos sufrido más que la mayoría, y que habíamos pasado por tragedias y más tragedias.

El tierno entendimiento de algunos de los mensajes de nuestro Señor a veces nos rompía el corazón; pero su amorosa reprimenda no dejaba heridas.

Siempre, y en esto diariamente, Él insistía en que debíamos ser canales de amor, gozo y risa en su mundo quebrantado. Era el Varón de Dolores, en un aspecto nuevo y diferente.

Para nosotras, o debiera decir para mí, era un mandamiento difícil de obedecer, aunque para otros hubiera parecido sencillo. ¿Reír? ¿Alentar a otros? ¿Estar gozosas siempre incluso cuando los días eran de penuria, las noches de insomnio crónico, cuando la pobreza y aun la preocupación insoportable eran nuestra ración diaria, cuando la oración no recibía respuesta y el rostro de Dios se había ocultado, y cuando nos abrumaban las calamidades?

Aun así, este insistente mandamiento a amar y reír y llevar gozo a los demás en sus vidas seguía llegándonos.

Desalentadas, una de nosotras con todo gusto habría dejado de luchar para pasar a otra vida, más feliz.

Y sin embargo, Él nos alentaba a diario, diciendo que no rompería los instrumentos que tenía intención de utilizar, que no dejaría el metal en el crisol más tiempo que el necesario como para que la impureza decantara.

Continuamente nos exhortaba a no desalentarnos, y hablaba del gozo que el futuro tenía para nosotros.

Recibíamos interpretaciones de sus palabras totalmente inesperadas.

Un veredicto adverso sobre ver visiones de Él, que hasta entonces habíamos creído se otorgaba solo a los más santos, y más que nada, el inmenso poder dado a dos almas que oraban juntas en comunión, como una sola en su deseo de amar y servir a Dios. Como han probado otros, «dicha unión puede, en manos de Dios, lograr tan grandes cosas que por cierto habrá fuerzas inanimadas cuyo propósito será el de ensuciar la amistad». Y así lo descubrimos.

Algunos de los mensajes son de asombrosa belleza. El lenguaje majestuoso del 2 de diciembre, lo inevitable del sufrimiento en la vida cristiana del 23 de noviembre, y la explicación de la operación práctica de la Ley de la Provisión del 5 de diciembre son prueba de ello.

Habrá mensajes que aparecen inconexos. Es porque hemos tenido que borrar referencias a nuestras personas y repeticiones.

Por eso para nosotras este libro, que creemos ha sido guiado por el Señor mismo, no es un libro común.

Ha sido publicado luego de mucha oración para probar que hoy un Cristo vivo habla, planifica y guía a los más humildes, que no hay detalle demasiado insignificante para su atención, que Él se revela hoy como siempre como Humilde Siervo y Majestuoso Creador.

1 DE ENERO

ENTRE LOS AÑOS

Nuestro Señor y nuestro Dios. Nos gozamos en ti.
Sin tu ayuda no podríamos enfrentar sin miedo
el año que tenemos por delante.

Estoy entre los años. La Luz de mi Presencia se lanza a lo largo del año por venir... el brillo del Sol de la Justicia. Hacia atrás, sobre el año que ha pasado, mi Sombra echa un velo que oculta la pena, el dolor y la desilusión.

No habites el pasado... solo el presente. Utiliza el pasado nada más como usan mi Luz del Sol los árboles, para absorberla, para hacer de ella los cálidos rayos del fuego en días posteriores. Así que almacena solamente las bendiciones que vienen de mí, la Luz del Mundo. Aliéntense pensando en ella.

Entierren todo temor del futuro, de la pobreza para quienes aman, del sufrimiento, la pérdida. Entierren todo pensamiento de amargura y falta de bondad, todos sus disgustos, resentimientos, la sensación de fracaso, la desilusión a causa de otros y de ustedes mismos, su pena, su angustia, y hagamos que todo esto quede enterrado para avanzar hacia una vida nueva, resucitada.

Recuerden que no han de ver como ve el mundo. Tengo el año en mis manos... guardándolo para ustedes. Pero he de guiarlos un día a la vez.

Dejen todo lo demás conmigo. No han de anticipar el don con temores o pensamientos de los días por venir.

Y para cada día yo les daré la sabiduría y la fuerza.

2 DE ENERO

BRAZO DE AMOR

Han de ayudar a salvar a otros. Nunca dejen pasar un día en que no hayan extendido un brazo de amor a alguien fuera de su hogar: una nota, una carta, una visita, algún tipo de ayuda.

Estén llenos de gozo. El gozo salva. El gozo cura. Gozo en mí, en todo rayo de sol, en cada sonrisa, cada acto de amabilidad o de amor, cada servicio por pequeño que sea... gozo.

Cada día hagan algo para levantar un alma del mar del pecado, de la enfermedad o la duda en que ha caído el ser humano. Sigo caminando hoy por la orilla del lago y llamo a mis discípulos a seguirme para que sean pescadores de hombres.

La mano de ayuda que levante al pobre, al falto de coraje, para que obtenga valentía, fe y salud, es lo que hace falta. Amen. Rían. El amor y la risa son la puerta de entrada a la fe y al coraje. Sigan confiando, sigan amando, sigan teniendo gozo. Niéguense a la depresión. Niéguense a detenerse en su camino hacia la cima. Amen y rían. Yo estoy con ustedes. Cargo sus cargas. Echen su carga sobre mí y yo los sostendré. Y luego con corazón liviano, vuélvanse para ayudar a otro con la carga que tanto le pesa. ¿Cuántas cargas pueden alivianar este año? ¿Cuántos corazones pueden alegrar? ¿Cuántas almas recibirán su ayuda?

Y al dar ganarán: «medida buena, apretada, remecida y rebosando». Yo, su Señor, lo he dicho.

3 DE ENERO

EL CAMINO SE ABRIRÁ

Pero los que esperan a Jehová tendrán nuevas fuerzas.
ISAÍAS 40:31

Han de ser renovados, hechos de nuevo. Cristo, Cristo, Cristo. Todo ha de descansar en mí. La fuerza nace del reposo. Solo el amor es fuerza que conquista. No teman, yo les ayudaré.

Sean canales, ambas. Mi Espíritu fluirá y al fluir, lavará toda amargura pasada.

Aliéntense. Dios ama, Dios ayuda, Dios pelea, Dios gana. Verán. Sabrán. El camino se abrirá. Todo lo que mi amor ha planificado, todo lo que mi amor ha pensado, lo verán revelado cada día. Solo déjense enseñar. Sean niños. Un niño jamás cuestiona los planes. Los acepta de buena gana.

4 DE ENERO

NO PLANIFIQUEN

Muéstranos tu camino, Oh Señor, y haz que caminemos tus senderos. Guíanos en tu verdad, y enséñanos.

Todo está bien. Están sucediendo cosas maravillosas. No limiten a Dios. Él cuida y provee. Dejen a un lado el yo, el bloqueador de canales. No planifiquen de antemano, el camino se irá abriendo paso a paso. Dejen la carga del mañana. Cristo es el Gran Cargador. Ustedes no pueden cargar su carga, y Él solo espera que carguen una porción pequeña cada día.

5 DE ENERO

No almacenen

Ámenme y hagan mi voluntad. Nada malo les sucederá. No piensen en el día de mañana. El reposo en mi presencia trae paz. Dios les ayudará. El deseo trae cumplimiento. La paz, como un río manso que fluye, lava todo lo que irrita.

Se les enseñará; sigan con estos momentos de oración aun cuando parezcan no rendir fruto. El diablo intentará por todos los medios detenerles. No le hagan caso. Dirá que pueden entrar los malos espíritus. No le presten atención.

Descansen sus nervios. Los nervios cansados son un reflejo sobre, y no de, el poder de Dios. Tengan en todo tiempo esperanza.

No teman a la pobreza. Que el dinero fluya libremente. Yo haré que fluya hacia adentro, pero han de dejar que fluya hacia afuera. Nunca envío dinero para que se estanque... solo a quienes lo hacen fluir o pasar de mano. No se guarden nada. No almacenen como un animal en la madriguera. Solo tengan lo que necesitan y usan. Esta es mi Ley de Discipulado.

6 DE ENERO

Listos y atentos

Guíame, oh gran Jehová,
Peregrino soy en esta tierra extraña.
Soy débil, mas tú eres fuerte y poderoso,
Guíame con tu mano vigorosa.

Deben orar. El camino se abrirá. Dios cuida y su plan se va desarrollando. Solo amen y esperen.

El amor es la llave. No hay puerta que no pueda abrir. ¿Qué motivo tienen para temer? ¿No les he cuidado y protegido? Tengan esperanza. Esperanza con gozo. Esperanza con certeza. Tengan calma, calma en mi poder.

Nunca dejen de tener estos momentos de oración y lectura de la Biblia, y entrénense, y disciplínense. Esa es su tarea... la mía es utilizarlas. Pero mis instrumentos han de estar afilados y listos. Luego puedo utilizarlos.

Disciplínense y perfecciónense sin importar el costo. Háganlo porque pronto todo pensamiento será respondido, todo deseo gratificado, toda acción utilizada. Es un poder que inspira temor, poder eficaz. ¡Oh!, cuídense de no pedir nada que no esté de acuerdo con mi Espíritu.

Todo pensamiento dañino ha de descartarse. Vean cuán necesarias he hecho que sean la pureza y la bondad en sus vidas. Pronto pedirán y la respuesta será inmediata. Den la bienvenida al entrenamiento. Sin él, no les daré este poder.

No se preocupen por las vidas de los demás. Primero han de perfeccionarse en mi fuerza.

7 DE ENERO

LA PERLA SECRETA

Míranos con tu favor, oh Señor, mientras miramos
«la tierra lejana» que aun así está tan cerca del ojo que ve
y el oído que escucha.

Esperen. Los milagros están revelándose. Tiemblen con temor. No hay hombre que pueda estar de pie al umbral de la Eternidad sin estremecerse. Les doy vida eterna. Un don gratis, un don maravilloso... la Vida de las Eras.

El Reino viene en silencio. No hay quien pueda juzgar cuándo entra en el corazón de los seres humanos, solo en los resultados. Escuchen en silencio. A veces no recibirán mensaje alguno. Reúnanse de todos modos. Absorberán una atmósfera.

Cultiven el silencio. «Dios habla en los silencios». Un silencio, un suave viento. Cada uno puede ser un mensaje que transmita mi significado al corazón, sin usar voz ni palabra alguna.

Cada palabra o pensamiento de ustedes puede ser como una perla que dejan en un lugar secreto de otro corazón, y en la hora de necesidad, ¡oh! el receptor encuentra el tesoro y por primera vez se da cuenta de su valor.

No estén demasiado dispuestos a *hace*r. Solo *sean*. Dije: «*Sean* perfectos», y no «hagan cosas perfectas». Intenten recordar esto. Los esfuerzos individuales nada logran. Es solo el esfuerzo del Espíritu Universal —mi Espíritu— el que cuenta.

Mediten en esto, cada vez más; ha habido santos a quienes les llevó una vida entera entenderlo.

8 DE ENERO

EL AMOR GOLPEA A LA PUERTA

La vida conmigo no implica inmunidad *de* las dificultades, sino paz *en* las dificultades. Mi guía a menudo llega a través de puertas *cerradas*. El amor golpea a la puerta y la abre.

El gozo es el resultado de la aceptación fiel y confiada de mi voluntad, aun cuando *no parece gozosa*.

San Pablo, mi siervo, aprendió esta lección de la puerta cuando dijo: «Porque esta leve tribulación momentánea produce en nosotros un cada vez más excelente y eterno peso de gloria». Esperen reproches hasta que hayan aprendido esto... es la única manera.

El gozo es hijo de la calma.

9 DE ENERO

Sin esfuerzo

Tengan calma, no importa qué les acontezca. Descansen en mí. Sean pacientes, y dejen que la paciencia haga su perfecta obra. Nunca piensen que algo los sobrecoge. ¿Cómo podría sobrecogerles, si yo estoy con ustedes?

No sientan el esfuerzo de la vida. No hay esfuerzo para mis hijos. ¿Es que no ven que yo soy el Maestro Creador de instrumentos? ¿No he formado cada una de las partes? ¿No sé cuánto puede soportar cada uno sin esforzarse? ¿Es que les pediría yo, el Hacedor de un instrumento tan delicado, algo que pudiera destruirlo?

¡No! El esfuerzo lo sentirán solo cuando sirvan a otro amo, al mundo, a la fama, a la opinión ajena... o cuando lleven la carga de dos días en un mismo día.

Recuerden que no debe ser así.

10 DE ENERO

Influencia

Cuando vienen a mí, y les doy esa vida eterna que doy a todo quien cree en mí, se altera toda su existencia, las palabras que dicen, las influencias que tienen.

Todo esto es eterno. *Debe* serlo. Porque brota de la vida que hay en ustedes, mi Vida, la vida eterna, para que ellos también vivan por siempre. Ahora, vean cuán vasto y estupendo es el trabajo de cualquier alma que tiene vida eterna. Las palabras, la influencia, pasan de era en era, por siempre.

Ustedes han de meditar en estas verdades que les doy. No son superficiales, sino los secretos de mi Reino, las perlas escondidas de gran valor. Mediten en ellas. Trabajen con ellas en sus mentes y corazones.

11 DE ENERO

EL DOLOR DEL AMOR

Utilicen mi provisión ilimitada para su propia necesidad y las de los demás. Busquen mis maravillosas verdades y las *encontrarán*. Habrá momentos en que estarán en silencio, cuando parezca que han sido dejados solos. Entonces, les mando que recuerden que les he hablado.

Tendrán conciencia de mi presencia cuando no oigan voz. Habiten en esa presencia. «Yo soy la luz del mundo», pero a veces en tierna compasión, oculto la luz demasiado brillante para que no pierdan de vista su camino y trabajo diario a causa de su destello.

No es sino hasta que se llega al cielo que pueden sentarse las almas a beber el éxtasis de la revelación de Dios de sí mismo. En este momento son peregrinos, y solo necesitan órdenes diarias, fuerza y guía para cada día.

¡Oh!, escuchen mi Voz, con ansias y gozo. Jamás la descarten. No tengo rival, y si los hombres buscan las trivialidades del mundo, me retiro.

La vida les ha herido. Solo las vidas heridas pueden realmente salvar. No podrán evitar la disciplina. Es la marca del discipulado. Mis hijos siempre confían en mí. Nunca se rebelan. La confianza que me dan hoy quita el dolor del rechazo de mi amor, que sufrí en la tierra y he sufrido durante tanto tiempo. «Morí por ustedes, hijos míos, ¿cómo han podido tratarme de este modo?»

12 de enero

Gracias por las pruebas

Han de decir «gracias» por todo, aun por lo que parezca tribulación y prueba.

El gozo es la manera del ser humano de darme gracias a mí. Alégrense. Regocíjense. El padre ama ver felices a sus hijos. Estoy revelándoles mucho. Pásenlo. Cada verdad es una joya. Algún amigo de espíritu empobrecido se alegrará por ello. Dejen un poco aquí y allá.

Busquen un lugar, un corazón para cada verdad que les he impartido. Llegarán más verdades. Usen *todo* lo que les doy. Ayuden a otros. Ansío encontrar un camino hacia cada vida y cada corazón, para que todos clamen con ansias: «Ven, Señor Jesús».

13 de enero

Amigos que no se ven

Nunca desesperen. Nunca se angustien. Sean solo un canal de ayuda a otros. Sientan más compasión. Sientan más ternura hacia los demás. Sus vidas no serán toda preocupación. El oro *no permanece* en el crisol por siempre, sino hasta que *ha sido refinado*. Ya puedo oír la música y la marcha de las huestes que no se ven, regocijándose en la victoria de ustedes.

Ningún seguidor mío errará ni caerá si se retirara de una vez el velo que le impide ver cómo estos tropiezos deleitan a los espíritus malos, o si viera el dolor y el desaliento de quienes anhelan que él venga a conquistar en mi fuerza y mi nombre, y el éxtasis del regocijo cuando la victoria haya sido obtenida.

14 de enero

Poderoso y maravilloso

Ciertamente felices son las almas con las que camino. Caminar conmigo es seguridad. La venida de mi Espíritu a una vida y su obra son imperceptibles, pero el resultado es poderoso.

Aprendan de mí. Maten al propio yo. Cada golpe al «yo» se utiliza para dar forma al ser real, eterno, imperecedero que es cada uno de ustedes. Sean muy cándidos y rigurosos consigo mismos. «¿Es que me impulsó mi "yo" a hacer esto?» Si así fuera, deshágrañense de él a toda costa.

Cuando morí en la cruz, morí representando a todo egocentrismo humano. Una vez crucificado, pude conquistar aun a la muerte.

Cuando llevé los pecados de ustedes en mi cuerpo sobre el madero, llevé conmigo también la naturaleza egocéntrica del mundo. Al matar al ego, ganarán el poder sobrecogedor que liberé para un mundo cansado, y ustedes también serán victoriosos.

No es la vida y sus dificultades lo que han de conquistar, sino a su propio ego. Como dije a mis discípulos: «Aún tengo muchas cosas que deciros, pero ahora no las podéis sobrellevar». No podrían entenderlas. Sin embargo, en tanto sigan obedeciéndome, caminando conmigo, escuchándome, entonces podrán ver cuán gloriosas, cuán maravillosas son mis revelaciones y mis enseñanzas.

15 de enero

Relájense

Relájense, no estén tensos, no teman. Todo obra para mejor. ¿Cómo pueden temer al cambio cuando su vida está oculta conmigo en Dios, que no cambia... y yo soy el mismo ayer, hoy y siempre?

Han de aprender compostura, equilibrio del alma, en un mundo vacilante y cambiante.

Reclamen mi poder. El mismo poder con el que eché los demonios está hoy a disposición de ustedes. Úsenlo. Si no, lo retiraré. Úsenlo sin cesar.

No pueden pedir demasiado. Nunca crean que están demasiado ocupados. Siempre que vuelvan a mí para recuperarse luego de cada tarea, no habrá cosa que sea demasiado. Mi gozo les doy. Vivan en él. Bañen su espíritu en él. Refléjenlo.

16 de enero

Amigo en la pesada labor

Son los esfuerzos diarios los que cuentan, y no la fama de momento. La obediencia a mi voluntad día tras día en el desierto, y no el ocasional Monte de la Transfiguración.

La perseverancia jamás se necesita tanto como en la vida religiosa. El esfuerzo de la labor del Reino es lo que asegura mi íntima amistad. Yo soy el Señor de las cosas pequeñas, el Control Divino de los pequeños sucesos.

No hay parte del día que sea demasiado pequeña como para formar parte de mi plan. Las gemas pequeñas en el vitral tienen un papel importante.

Gócense en mí. El gozo es el cemento dado por Dios, que asegura la armonía y belleza de mi vitral.

17 DE ENERO

APURO DE DIOS PARA DAR

Silencio. Estén en silencio ante mí. Persigan el saber; y luego busquen hacer mi voluntad en todas las cosas.

Permanezcan en mi amor, una atmósfera de amoroso entendimiento a todas las personas. Esta es la parte que les corresponde a *ustedes*, y luego yo les rodearé con una pantalla protectora que mantendrá alejado al mal. La misma está formada por la actitud de sus mentes, por sus palabras y acciones hacia los demás.

Quiero darles todo, buena medida, apretada y abundante. Sean veloces para aprender. Saben poco aun de la Divina Impaciencia que anhela dar con premura. ¿Hay algún pensamiento de preocupación o impaciencia en sus mentes? Combátanlo ahora mismo.

El amor y la confianza son los solventes de la preocupación de la vida. Aplíquenlos *ahora mismo*. Ustedes son canales, y aunque el canal no ha de bloquearse del todo, la preocupación y la impaciencia corroen, y con el tiempo ya no podrían corregir el curso.

Perseveren. ¡Oh! Perseveren. Jamás se desalienten. Todo está bien.

18 DE ENERO

LA FE OBRA

Oren a diario pidiendo fe. Es mi don.

Es el único requisito para que logren cosas poderosas. Por cierto, han de trabajar, han de orar, pero solo de la fe depende la respuesta a sus oraciones... sus obras.

La doy en respuesta a sus oraciones, porque es necesario que posean esta arma para la dispersión del mal... para vencer toda condición adversa, para que logren todo el bien en sus vidas, y luego, cuando tengan suficiente fe, devuélvanmela. Ella es el sobre en el que han de poner todo pedido a mí.

Y sin embargo, aun así, «la fe sin obras es muerta». Así que necesitan también obras para alimentar su fe en mí. Al intentar hacer algo se sentirán incapaces. Vuélvanse a mí entonces. Al conocerme su fe crecerá, y esa fe es todo lo que necesitan para que obre mi poder.

19 DE ENERO

EL AMOR ANTICIPA

Señor, te buscaré.

Nadie me ha buscado en vano. Espero, espero anhelando que me llamen; y yo, que ya he visto las necesidades de su corazón antes de que me invoquen, quizá antes de que ustedes mismos estuvieran concientes de tal necesidad, ya estoy preparando la respuesta.

Es como cuando una madre guarda regalos adecuados para la boda de su hija, aun antes de que el amor haya llegado a la vida de esta.

El *amor anticipador* de Dios es una cosa que los mortales pocas veces pueden aprehender. Piensen en esto. Echen de su mente el pensamiento de un Dios rencoroso, a quien hay que pedir con lágrimas y suspiros y muchas palabras antes de que con reticencia otorgue los tesoros deseados. Lo que el hombre piensa de mí ha de pasar por una revolución.

Traten de ver a una madre preparando deleites de cumpleaños o Navidad para su hijo... en tanto el corazón de ella canta: «¿No le fascinará esto? ¡Oh, sí, le gustará tanto!», anticipando la alegría del hijo, con su corazón lleno de gozo tierno. ¿Dónde aprendió la madre todo esto de la preparación y el gozo? De mí... suave eco es este de mi propio gozo en la preparación.

Intenten ver esto a medida que los planes de mi preparación van desarrollándose. Significa mucho para mí que me entiendan, y el entendimiento de mí les traerá gran gozo.

20 DE ENERO

UNO MISMO CON DIOS

Uno mismo conmigo. Yo y mi Padre somos uno. ¡Uno con el Señor de todo el Universo!

¿Podría aspirar a más el humano? ¿Podría la exigencia del hombre trascender esto? Uno conmigo.

Si se dan cuenta del alto privilegio que tienen, solo habrán de pensar, para que inmediatamente llegue a ocurrir lo que sus pensamientos anticipan. En realidad he dicho: «Poned la mira en las cosas de arriba, no en las de la tierra».

Pensad en lo material, cuando uno viven en mí, es hacer que se concrete. Así que han de cuidarse de solo pensar y desear aquello que ayude a su crecimiento espiritual, no lo que lo impida. La misma ley opera también en el plano espiritual.

Piensen en el amor, y el amor les rodeará, y también a todo el que esté cerca; y piensen en el *mal*, y serán rodeados por el mal ustedes y quienes les rodean. Piensen en salud... y la salud llegará. Lo físico refleja lo mental y lo espiritual.

21 DE ENERO

DÍA AGITADO

Crean que estoy con ustedes, controlándolo todo. Cuando mi Palabra avanza, todo lo demás es impotente ante ella.

Tengan calma. Nunca teman. Tienen mucho que aprender. Sigan hasta que puedan enfrentar el día más agitado con una canción. «Canten al Señor». El mejor acompañamiento para una canción de alabanza dedicada mí es un día muy agitado. Que el amor sea el lema.

Estén contentos todo el tiempo. Excesivamente gozosos. Regocíjense en mí. Descansen en mí. Nunca teman. Oren más. No se preocupen. Soy su Auxiliador. «El eterno Dios es tu refugio, y acá abajo los brazos eternos». No pueden ir más abajo que eso. Descansen en ellos, como duerme el niño cansado.

22 DE ENERO

DÍAS GRISES

No teman. Soy su Dios, su Libertador. De todo mal les liberaré. Confíen en mí. No teman.

Nunca olviden decir: «Gracias». ¿No ven que es una lección? Han de decir «gracias» en los días más grises. Deben hacerlo. No puede haber luz si no lo hacen. Es una práctica para los días grises. Y es absolutamente necesaria.

Mi muerte en la cruz no fue solo necesaria para salvar al mundo, sino para entrenar a mis discípulos. Fue todo parte de su entrenamiento: mi entrada a Jerusalén en triunfo; el momento en que lavé los pies de mis discípulos, mi dolor en Getsemaní, el desprecio que sufrí, mi juicio, mi crucifixión, mi entierro. Cada paso fue necesario para su desarrollo... y lo mismo sucede con ustedes.

Si el día gris no es de agradecimiento, la lección ha de repetirse hasta que lo sea. No es así para todos. Solo para los que piden servirme bien y hacer mucho por mí. Una gran obra requiere de un entrenamiento riguroso e importante.

23 DE ENERO

CÓMO LLEGA EL PODER

Señor, eres nuestro refugio.
Dios nuestro, en ti confiamos.
Oh, Maestro, ven a hablar con nosotros.

A mí se me ha dado todo poder. Es mío para darlo, mío para retenerlo, *sin embargo*, tengo que reconocer que no puedo negarlo al alma que vive cerca e mí, porque no es un don, sino que pasa directamente de mí a mis discípulos.

El alma que vive en mi presencia lo respira. Aprende a encerrarte en mi presencia, y entonces, sin hablar siquiera, tendrás aquellas cosas que deseas de mí: fuerza, poder, gozo, riquezas.

24 DE ENERO

TU GRAN RECOMPENSA

Oras por fe, y así se te manda hacer. Pero yo hago provisión en la Casa de mi Presencia para quienes se vuelven a mí aunque tengan rodillas débiles y corazones que desmayan. No temas. Soy tu Dios. Tu Gran Recompensa. Tuyo, para que mires hacia arribas y digas: «Todo está bien».

Soy tu Guía. No busques ver el camino que hay por delante. Solo avanza un paso a la vez. Raramente les doy a mis discípulos la vista total del camino, en especial en cosas personales, porque un paso a la vez es la forma más adecuada para construir la fe.

Estás navegando sin mapa. Pero el Señor de todos los Mares está contigo, el Controlador de todas las Tormentas está contigo. Canta con gozo. Sigue al Señor de las Limitaciones, y al Dios en cuyo servicio está la perfecta libertad. Él, el Dios del Universo, se confinó a límites estrechos de infancia humana, y al crecer como niño y joven, se sometió a tus limitaciones humanas. Has de aprender que tu visión y poder, aunque sin límites en lo espiritual, en lo material han de someterse también a limitaciones.

Sin embargo, estoy contigo. Fue cuando los discípulos abandonaron el esfuerzo luego de una noche de pesca sin resultados, que vine e hice que sus redes se rompieran a causa de la abundancia de mi provisión.

25 DE ENERO

CAMINO DE LA FELICIDAD

La entrega completa de cada momento a Dios es el *cimiento* de la felicidad, y la *superestructura* es el gozo de la comunión con Él. Y este es, para cada uno, el lugar, la mansión que he ido a preparar para ustedes.

Mis seguidores han entendido esto mal, buscando demasiado a menudo en esa promesa solo un ofrecimiento para la vida eterna, y muchas —muchísimas— veces, entendieron que esta vida es para luchar con las dificultades, con el objetivo de obtener la recompensa y el gozo en la vida por venir.

Busca cumplir con todo lo que digo, y este entendimiento, esta comprensión, visión y gozo serán tuyos, sobrepasando todo entendimiento. Los planes de Dios son de veras maravillosos, más allá de lo que puedas esperar o imaginar.

Aférrate a los pensamientos de protección, seguridad y guía.

26 de enero

Mantén la calma

Que tu vida espiritual sea calma, inmutable. Nada más importa. Déjamelo todo a mí. Esta es tu gran tarea, mantener la calma en mi presencia, sin que nada te disturbe siquiera por un momento. Años de bendición pueden estar guardados en momentos como ese.

No importa quién te perturbe, la tarea de detener todo lo demás es tuya, hasta que llegue la calma absoluta. Todo impedimento implica que mi poder buscará fluir por canales distintos. Así que derrama, derrama, derrama, no puedo bendecir una vida que no actúa como canal de mi Espíritu. Porque mi Espíritu no soporta el estancamiento, ni siquiera el reposo. Su poder ha de fluir continuamente. Trasmite todo a los demás, toda bendición. Vive en mí.

Descubre a cuántos puedes bendecir cada día. Permanece mucho en mi presencia.

27 DE ENERO

LA TORMENTA ARRECIA

Señor, ¿a quién iremos?
Tú tienes palabras de vida eterna.
JUAN 6:68

Estoy con ustedes dos. Avancen sin temor. Salud y fuerza, paz y felicidad y gozo... son todos dones que vienen de mí. En lo espiritual (y en lo material) no hay espacios vacíos, y al salir de sus vidas el egoísmo, los miedos y las preocupaciones, es una consecuencia natural que las cosas del Espíritu, que tanto anhelan ustedes, se apresurarán a ocupar el espacio que dejen. Todas las cosas son de ustedes, y ustedes son de Cristo, y Cristo es de Dios. Qué ciclo maravilloso, porque ustedes son de Dios.

No teman. No tengan miedo. Es al hombre que se ahoga a quien acude el Rescatador. Al nadador valiente que puede arreglárselas solo, no acude. Y no hay gozo tan grande como el del hombre que ve a su Rescatador.

Parte de mi método consiste en esperar a que arrecie la tormenta. Eso hice con mis discípulos en el lago. Podría haber calmado la tormenta con la primera ola, la primera ráfaga, pero la lección no se habría aprendido entonces. ¡Qué gran sensación de tierna cercanía al refugio y la seguridad se habría perdido!

Recuerden esto, mis discípulos creían que mientras dormía los había olvidado. Recuerden lo equivocados que estaban. Obtengan fuerza, confianza y gozosa dependencia y anticipación de esto.

Nunca teman. El gozo es de ustedes, y el radiante gozo del rescatado será de ustedes.

28 DE ENERO

POCAS AMBICIONES

No teman. No teman estar ocupados. Son siervos de todos. «El que de vosotros quiera ser el primero, será siervo de todos».

El servicio es la palabra de mis discípulos. Yo serví, fui el más humilde, el más pequeño, estaba a sus órdenes. Mis más altos poderes estaban a su servicio.

Déjense usar. Déjense usar por todos, por el más pequeño, el más indigno. ¿De qué otro modo servirían mejor? Que su búsqueda diaria sea esa, y no el buscar cómo ser servidos.

Miren a su alrededor. ¿Son las ambiciones del hombre por la paz, o traen las recompensas del mundo reposo al corazón y felicidad? ¡No! En realidad, el hombre está en guerra con el hombre. Los que han sido más recompensados por el mundo, con nombre, fama, honor y riquezas, están agotados, cansados, desilusionados.

Y sin embargo, al oído que escucha por sobre el clamor disonante el mundo, en estos años resuena mi mensaje: «Venid a mí todos los que estáis trabajados y cargados, y yo os haré descansar».

Y los cansados y desalentados que escuchan y se vuelven a mí de veras encuentran ese descanso. Soy gozo para el cansado, música para el corazón, salud para el enfermo, riqueza para el pobre, comida para el hambriento, hogar para el vagabundo, éxtasis para el agobiado, amor para el solitario.

No hay *ni una* necesidad del alma que yo no satisfaga con que solo me lo pidan, y para ustedes también anhelo serlo todo.

29 DE ENERO

YO LIMPIO EL CAMINO

Espera en el Señor.
SALMO 27:14

Soy tu escudo. No temas. Has de saber que «todo está bien». Jamás dejaré que alguien te haga algo que no esté dentro de mi voluntad para ti.

Puedo ver el futuro. Puedo leer los corazones de los hombres. Sé mejor que tú qué es lo que necesitas. Confía en mí, absolutamente. No estás a merced del destino, ni de los caprichos de los demás. Estás siendo guiado en forma muy definida, y otros, lo que no sirven a tu propósito, son quitados de tu camino. Yo los quito.

Nunca temas, pase lo que pase. Estás siendo guiado. No intentes hacer planes. Yo hago los planes. Eres el constructor, *no* el Arquitecto.

Ve muy calladamente, de forma muy suave. Todo será para tu bien.

Confía en mí para todo. Si te esmeras bastante asegurarás mi obrar a tu favor. Y ten tu cimiento en la Roca... Cristo, pon tu fe en el Señor y «arraigados y sobreedificados en él», creyendo en mi Divinidad como tu Piedra Fundamental, podrás construir sabiendo que todo está bien.

Literalmente, has de depender de mí para todo. Todo. Fue de las profundidades del dolor que David me llamó, y yo oí su voz. Todo es para bien.

30 de enero

El alma en guerra

Nada malo te pasará si yo estoy contigo. «Todo mal que Él bendiga es para bien». Cada vez que te apartas a solas estás buscando estar en un lugar quieto conmigo. Nunca temas, porque en ese lugar encontrarás restauración, poder, gozo y sanidad.

Planifica tus días de retiro cada cierto tiempo... días en que vivirás conmigo a solas, y levántate descansado y refrescado: física, mental y espiritualmente, para seguir con la tarea que te encomendé. Jamás te daré una carga demasiado pesada para ti.

Amor, gozo, paz, dales la bienvenida. Que no haya pensamiento o sentimiento personal que pueda hacerlos desaparecer. Individualmente, estos dones producen milagros en una vida, pero en conjunto pueden comandar todo lo que se necesita en los planos físico, mental y espiritual.

Es en estos atributos del mundo de los milagros que reside todo éxito. Han de ver sus vidas interiores como deben ser, y luego toda tarea se cumplirá. No en la lucha y el conflicto del plano material, sino en el campo de batalla del alma. Allí es donde se gana.

31 de enero

El sufrimiento redime

Todo sacrificio y todo sufrimiento es redentor: para enseñar a la persona, o para ayudar a elevar a otros.

Nada es por azar.

La mente divina y sus milagros están más allá de lo que sus mentes limitadas pueden entender. Mis planes no tienen detalles olvidados. Son perfectos.

Oh, déjame oír tu voz,
En acento claro y calmo,
Por sobre las tormentas de la pasión,
Del murmullo de mi propia voluntad.

Oh, habla para darme paz, para apresurarme o controlarme
Oh, habla y hazme escuchar, tú, ¡guardián de mi alma!

1 DE FEBRERO

UN NUEVO COMIENZO

Ten coraje. No temas. Comienza mañana una nueva vida. Pon de lado las viejas equivocaciones, y comienza otra vez. Te doy una nueva oportunidad. No te culpes. No estés ansioso. Si mi perdón fuera solo para los justos, y no para los que han pecado, ¿de qué serviría?

Recuerda lo que dije: «A quien mucho se le ha perdonado, mucho amará».

¿Por qué te preocupas tanto? Quiero darte todo lo que es placentero y amoroso, pero tu vida está sucia de preocupación. Aplastarías mis tesoros. Solo puedo bendecir al corazón gozoso y agradecido.

Debes estar gozoso.

2 DE FEBRERO

Practiquen el amor

Guárdanos, protégenos.

La falta de amor bloquea el camino. *Deben* amar a todos. A los que les causan preocupación, y también a los que no.

Practiquen el amor. Es una gran lección, y tienen un Gran Maestro. Deben amar. ¿De qué otro modo pueden habitar en mí, donde no puede existir nada que no sea amor? Practiquen esto y les bendeciré en abundancia; por sobre todas las cosas que puedan pedir, o siquiera imaginar.

No limiten mi poder. Hagan todo lo que puedan, y déjenme el resto a mí. La paz vendrá, y la confianza. No teman. Soy su Abogado, su Mediador.

3 DE FEBRERO

Si los hombres se oponen

Solo crean. Los muros de Jericó se derrumbaron. ¿Fueron las hachas, las armas humanas las que hicieron caer los muros? No. Fueron los cánticos de alabanza del pueblo, y mi pensamiento.

Todo muro caerá delante de ti también. No hay poder terrenal. Cae como una casa de papel ante mi toque milagroso. Tu fe y mi poder: las dos cosas esenciales. No hace falta más.

Así que, si la mezquina oposición del hombre prevalece, es solo porque le permito erigirse entre tú y lo que sería un error en tu vida. Si no, una palabra, un pensamiento de mí, bastaría para esfumarla. Los corazones de los reyes están en mi poder, yo los gobierno. Todo hombre se mueve según mi deseo. Descansa en esta certeza. Apóyate en mí.

4 DE FEBRERO

Deja tu muleta

Avanza paso a paso. Mi voluntad te será revelada a medida que avances. Nunca dejarás de agradecer el momento en que sentiste esta paz y confianza, y sin embargo, no tenías seguridad humana.

Este es el momento en que de veras aprendes a confiar en mí. «Cuando tu madre y tu padre te abandonen, entonces el Señor te rescatará». Esto es dependencia literal en mí.

Cuando el apoyo humano o material de cualquier tipo desaparece, entonces mi poder puede operar. No puedo enseñar a caminar a un hombre que usa muletas. Deja tu muleta, y mi poder te dará tal vigor que en realidad avanzarás hacia la victoria. Jamás limites mi poder. No tiene límites.

5 DE FEBRERO

Lo sabrás

Camina conmigo. Yo te enseñaré. Escúchame, y yo hablaré. Sigue encontrándome a pesar de toda oposición, de todo obstáculo, a pesar de los días en que quizá no oigas voz alguna y no haya momento de conversación en intimidad.

Al persistir en esto y hacer que sea un hábito, te revelaré mi voluntad de muchas maneras maravillosas. Tendrás más conocimiento cierto tanto del presente como del futuro. Pero será la recompensa de tu búsqueda constante de mí.

La vida es una escuela. Hay muchos maestros. No a todos les llego personalmente. Cree de forma literal que yo puedo explicar los problemas y dificultades de tu vida mejor, y con más efectividad que cualquier otro.

6 DE FEBRERO

Anhelo de Dios

Hablo al oído que escucha, y vengo al corazón que espera. A veces puedo no hablar. Quizá te pida que solo esperes en mi presencia, para saber que estoy contigo.

Piensa en las multitudes que se reunía ante mí cuando estuve en la tierra, todos esperando ansiosamente algo. Ansiosos por ser sanados, por aprender, por alimentarse.

Piensa en cómo suplí sus necesidades y les otorgué sus pedidos, lo que significó para mí encontrar en la multitud uno o dos que me siguieron solo para estar cerca de mí, para habitar en mi presencia. ¡Cómo el anhelo del Corazón Eterno se satisfizo con esto!

Consuélame durante un momento haciéndome saber que me buscarás, solo para habitar en mi presencia, para estar cerca de mí, no por la enseñanza ni por la ganancia material, ni siquiera por el mensaje, sino solo por mí. El anhelo del corazón humano es ser amado, porque esto es heredado del Gran Corazón Divino.

Te bendigo. Inclina tu cabeza.

7 DE FEBRERO

Luz por delante

Confía y no temas. La vida está llena de maravillas. Abre tus ojos de niño ante todo lo que estoy haciendo por ti. No temas. Solo unos pasos más, y entonces verás y conocerás mi poder. No estás andando en un túnel de oscuridad. Pronto, tú mismo serás luz para guiar los pies de los que temen.

Los gritos de tu sufrimiento han llegado a oídos de Dios mismo... mi Padre celestial, tu Padre celestial. Para Dios, oír es responder. Porque solo un grito del corazón, un grito al poder Divino por ayuda ante la debilidad humana, un grito de confianza, llega al Oído Divino.

Recuerda, corazón tembloroso, que para Dios oír es responder. Tus oraciones —y han sido muchas— son respondidas.

8 DE FEBRERO

Solo en mí

Soy tu Señor. Tu Provisión. *Debes* confiar en mí. Confía al límite más extremo. Confía y no temas. Debes depender *únicamente* del poder divino. No te he olvidado. La ayuda está llegando. Observarás y conocerás mi poder.

La paciencia es la fe puesta a prueba al máximo. *Has* de esperar, confiar, esperar y gozarte en mí. No debes depender del hombre, sino de mí... de mí, tu Fuerza, tu Ayuda, tu Provisión.

Esta es la gran prueba ¿Soy *yo* tu Provisión? ¿O no lo soy? Toda gran obra para mí ha de pasar esta gran prueba.

Protege tu alma con paciencia y regocijo. Has de esperar hasta que yo muestre que el cielo mismo no puede contener más gozo del que conoce el alma cuando, después de esperar, es coronada victoriosa por mí. No hay disciplina mía que pueda ser victoriosa si no espera hasta que yo le dé la orden de actuar. No has de estar ansioso *si sabes* que soy tu provisión.

9 DE FEBRERO

LA DIVINA VOZ

La Divina Voz no siempre se expresa en palabras. Se hace conocer como conciencia de corazón.

10 DE FEBRERO

LÍNEA DE VIDA

Soy tu Salvador, el Salvador que te salva del pecado, tu Salvador de todo problema y preocupación en la vida, el que te salva de la enfermedad.

Les hablo a ambas. Mírenme buscando salvación. Confíen en mí para obtener ayuda. ¿No dijo mi siervo de antaño: «Todas tus ondas y tus olas han pasado sobre mí»? Y aun así, ni todas las aguas de la aflicción pudieron ahogarle. Porque para él fue cierto que «envió desde lo alto; me tomó, me sacó de las muchas aguas». La cuerda de vida, la cuerda de rescate, es la que proviene del alma de Dios, de la fe y el poder. Es una cuerda fuerte, y no hay alma que pueda sobrecogerse si está ligada a mí por medio de esta cuerda. Confíen, confíen, confíen. Nunca teman.

Piensen en mis árboles, despojados de su belleza, podados, cortados, desfigurados, desnudos, y aun en la oscuridad, aparentemente muertos, sus ramas siguen en secreto conteniendo savia de vida, hasta que con el sol de la primavera llega la nueva vida, las hojas, los brotes, los capullos, el fruto. ¡Oh! Un fruto mil veces mejor, gracias a la poda.

Recuerden que están en manos de un Maestro Jardinero. No comete errores al podar. Regocíjense. El gozo es el Espíritu que se extiende para darme las gracias. Es la nueva vida, la savia del árbol, que llega a mí para encontrar dicha expresión de belleza más tarde. Nunca dejen de regocijarse. Regocíjense.

11 DE FEBRERO

CAMINO DIFÍCIL

Su camino es difícil. Para ambas lo es. No hay tarea en la vida tan dura como la espera. Y sin embargo, les dijo que esperen. Esperen hasta que yo les muestre mi voluntad. Prueba de esto es mi amor y mi certeza de su sincero discipulado, y el hecho de que les doy tareas difíciles.

Nuevamente digo, esperen. Todo movimiento es más calmo y fácil si esperan. Muchos de mis seguidores han estropeado su tarea, impidiendo el progreso de mi Reino por causa de la actividad.

Esperen. No pongan a dura prueba su fuerza espiritual. Son como dos personas que están en una balsa en medio del océano. Pero aquí viene hacia ustedes Aquel que camina sobre las aguas, como vino al Hijo del Hombre. Cuando Él venga y le reciban, estará con ustedes como con mis discípulos cuando estuve en la tierra, y enseguida se encontrarán en el lugar en donde han de estar.

Todo su esfuerzo al remar, toda su actividad, no podría lograr que el viaje fuera tan rápido. Oh, esperen y confíen. Esperen y no teman.

12 DE FEBRERO

ENCUÉNTRENME POR DOQUIER

La vida es en realidad una conciencia de mí. No teman. Un bellísimo futuro les espera. Dejen que sea una nueva vida, una nueva existencia, en la que todo acontecimiento, todo suceso, todo plan, haga que estén concientes de mí.

«Y esta es la vida eterna: que te conozcan a ti, el único Dios verdadero, y a Jesucristo, a quien has enviado».

Tengan esta conciencia de forma permanente, y tendrán vida eterna, la Vida de las Eras. En todo dejen que el Espíritu de Dios les guíe, y confíen en mí para todo. Y la conciencia de mí ha de traer gozo. No me den solo su confianza, sino su gozo.

13 DE FEBRERO

CERCA DE LA META

En una carrera no es el inicio lo que duele, ni el paso apurado. Es cuando se ve la meta que el corazón, los nervios, el coraje y los músculos se esfuerzan más allá de lo que se pueden soportar, casi hasta romperse.

Así ocurre con ustedes ahora que la meta está a la vista, es cuando necesitan del grito final hacia mí. ¿No pueden ver que su carrera casi ha terminado por el esfuerzo de sus nervios y su corazón? Coraje, coraje. Presten atención a mi voz de aliento. Recuerden que estoy a su lado, alentándolas a la victoria.

En los anales del cielo, los registros más tristes son los de los muchos que corrieron bien, con corazón fuerte y valiente, hasta que vieron la meta de la victoria y su corazón falló. Todas las huestes del cielo anhelaban gritar cuán cerca estaba el final, implorando por un esfuerzo más, pero cayeron, y jamás conocerán hasta el día de la revelación cuán cerca estuvieron de la victoria.

Ojalá me hubieran escuchado en el silencio, así como se reúnen ustedes conmigo. Habrían sabido. Han de tener el oído atento, y escuchar la vocecita calma y suave.

14 de febrero

En mi presencia

No saben que se habrían quebrado bajo el peso de sus preocupaciones si no fuera por el tiempo que pasan conmigo. Y no es por lo que yo digo, sino por mí mismo. No es tanto el oírme como el estar en mi presencia. Los poderes curativos y fortalecedores de esto no pueden ser de su conocimiento. Porque este conocimiento está más allá de la mente humana.

Tal cosa podría curar al pobre mundo enfermo. Solo si cada día, cada alma o grupo de almas, esperara ante mí. Recuerden que jamás han de dejar de apartar este tiempo conmigo. Gradualmente se transformarán, mental, física y espiritualmente, a mi imagen y semejanza. Todos los que las vean, o todo quien entre en contacto con ustedes, se acercará a mí, y poco a poco la influencia se esparcirá.

Están haciendo un Lugar Santo de un punto en la tierra, y aunque han de trabajar incesantemente porque esta es su tarea presente, la mayor tarea que pueden hacer y que están haciendo es esta: apartar un tiempo para estar conmigo. ¿Lo comprenden?

¿Saben que cada pensamiento, cada actividad, cada oración, cada anhelo del día se me ofrece, ahora? ¡Oh! Regocíjense porque estoy con ustedes. Para esto vine a la tierra, para guiar al hombre a que vuelva a conversar espiritualmente con su Dios.

15 de febrero

Inspiración, no aspiración

Serán utilizadas. La Fuerza Divina nunca es menos. Es suficiente para todo el trabajo del mundo. Solo necesito instrumentos que pueda utilizar. Saber que puedo recrear el mundo.

El mundo no necesita superhombres, sino hombres sobrenaturales. Hombres que de forma persistente quiten de sus vidas el ego, y que dejen que el Poder Divino obre a través de ellos. Inglaterra podría salvarse mañana mismo si tan solo sus políticos me permitieran usarlos.

¡Que la inspiración tome el lugar de la aspiración! Todo desempleo cesará. Tengo mucho trabajo que hacer, y siempre pago bien a mis obreros, como verán, a medida que más y más de ustedes tomen la actitud de pensamiento correcta sobre el trabajo que es mío solamente.

16 de febrero

No se inquieten

Incluso si jamás les hablara, serían bien recompensadas por apartar este tiempo, si solo se sentaran y me anhelaran, si solo suspiraran por mí, como respiran el dulce aire del campo.

Estén quietas, estén en calma. Esperen ante mí. Aprendan de mí, paciencia, humildad, paz. ¿Cuándo lograrán no inquietarse ante lo que suceda? Tardan mucho en aprender su lección. En el apuro, el trajín, el trabajo y la preocupación, el solo buscar el silencio ha de ayudarles.

En el afán se logra poco. Han de aprender a llevar consigo la calma, aun en el día más agitado.

17 de febrero

Poderes psíquicos

Los poderes psíquicos no le son necesarios al poder espiritual. No busquen lo espiritual por medio de recursos materiales. Si tan solo pudieran verlo, entenderían que es como aplastar con lodo las alas bellísimas del espíritu.

Busquen este tiempo como un tiempo de comunión conmigo... no como tiempo para formular preguntas y esperar respuestas. Encuéntrenme en comunión. Esto es alimento para el alma, provisto por mí.

No esperen una iglesia perfecta, sino encuentren en una iglesia el medio para llegar muy cerca de mí. Eso es lo único que importa. Luego el excedente se desprenderá por sí mismo. No le presten atención. Aférrense a la verdad y encuéntrenme... soy el verdadero Pan de Vida. La lección del grano trata de mi iglesia y de mí. La vida real es todo lo que importa, la iglesia exterior es la cáscara, aunque la cáscara fuera necesaria para presentar al hombre el grano de vida.

18 de febrero

Deja que yo lo haga

Nunca dejen de reunirse conmigo. No es tanto por lo que yo les revelo como por la unión de sus frágiles naturalezas con los ilimitados poderes Divinos. Las fuerzas ya están en movimiento. Solo mi voluntad se hará. Y ahora Dios les está bendiciendo muy ricamente.

Creen que hay mucho por *hacer* en una crisis como esta. *Una sola cosa hay que hacer.* Liguen sus vidas a las Fuerzas Divinas, y entonces es mi tarea ver que dichas vidas y sus asuntos funcionen adecuadamente como para poder ver que el sol del mañana amanece.

Esto no es un llamado apasionado para captar el Oído Divino, sino la calma presentación de las dificultades y preocupaciones en las Manos Divinas. Así que confíen y no teman más que como temería un niño, que pone el ovillo de lana enmarañado en manos de su amorosa madre y corre a jugar, agradando a la madre más por su confianza sin cuestionamientos que si se pusiera de rodillas y le implorara su ayuda, lo cual le dolería, porque implicaría que ella no estaba ansiosa por ayudar aun cuando hacía falta auxilio.

19 DE FEBRERO

SOPORTEN

No olviden enfrentar todas sus dificultades con amor y risa. Estén seguras de que yo estoy con ustedes. Recuerden, recuerden, falta poco, les digo. No me fallen. Yo no fallaré. Descansen en mi amor. ¿Cuántas oraciones en el mundo han quedado sin respuesta porque mis hijos al orar no soportaron hasta el final? Pensaban que ya no había tiempo, que era demasiado tarde, y que debían actuar por sí mismos porque yo no lo haría por ellos. Recuerden mis palabras: «El que persevere hasta el fin, éste será salvo».

¿Pueden *ustedes* soportar hasta el final? Si es así, serán salvas. Soporten, sin embargo, con coraje, con amor y risas. ¡Oh!, hijas mías, ¿es demasiado difícil mi entrenamiento?

Ante ustedes, hijas mías, revelaré los tesoros secretos ocultos de tantos otros ojos. Ni uno de sus gritos queda sin ser oído. Yo estoy con ustedes para ayudarles. Transiten por todo lo que les he dicho. Y vivan como les he indicado. Y cuando implícitamente sigan todo lo que digo, el éxito —espiritual, mental y físico— será suyo. Esperen en silencio un tiempo, concientes de mi presencia, en la cual han de vivir para obtener reposo para sus almas, y poder, y gozo y paz.

20 de febrero

Reclamen sus derechos

«Sean conocidas vuestras peticiones delante de Dios en toda oración y ruego».

Pero no mendigue. Vengan en cambio como el administrador que trae al amo las necesidades, los cheques por firmar, etc., sabiendo que presentar ante él el asunto implica provisión inmediata.

Anhelo proveer, pero el pedido —o la seguridad de su fe— es necesario, porque para ustedes es vital ese contacto conmigo.

21 de febrero

Nada podrá herirles

El camino es llano. No hace falta que vean qué hay delante. Un paso a la vez, conmigo. La misma luz que les guiará es la que conocen las Huestes del Cielo, el Hijo de la Justicia mismo.

Solo el ego echa sombra sobre el camino. Teman más a la inquietud del espíritu, a la preocupación del alma, al obstáculo que presenten al Espíritu, que al terremoto, al incendio o cualquier otra fuerza externa.

Cuando sientan que la absoluta calma se ha quebrado, vengan a mí hasta que su corazón cante y todo esté nuevamente en calma, fortalecido.

Estos son los únicos momentos en que el mal puede hallar entrada. Las fuerzas del mal rodean la ciudad del alma del hombre y están atentas por encontrar un lugar sin guardias por el que una flecha pueda entrar para destruir.

Recuerden que todo lo que han de hacer es mantenerse en calma y felices. Dios hace lo demás. No hay fuerza del mal que pueda impedir que obre mi poder... solo ustedes tienen el dominio para hacer esto. Piensen que todas las fuerzas de Dios están a disposición de ustedes para ayudarles... y que son sus débiles y enfermizos egos los que impiden su marcha.

22 DE FEBRERO

DEBEN CONFIAR

Deben confiar en mí, plenamente. Es una lección que han de aprender. Recibirán ayuda, guía, dirección continua. Los hijos de Israel habrían recibido la Tierra Prometida mucho antes... solo que sus dudas y miedos les hicieron permanecer en el desierto. Recuerden siempre que la duda demora. ¿Están confiando para todo en mí, o no?

Les he dicho cómo vivir y han de hacerlo. Hijos míos, los amo. Confíen en mi tierno amor. Jamás les fallará, pero han de aprender a no fallarle tampoco.

¡Oh!, si pudieran ver, entenderían. Tienen mucho que aprender para alejarse del temor y estar en paz. Todas sus dudas impiden mi tarea. No han de dudar. Morí para salvarles del pecado, la duda y la preocupación. Deben creer en mí de forma absoluta.

23 DE FEBRERO

SECRETO DE SANIDAD

Amen la vida activa. Es una vida de gozo. Las amo a ambas y les pido que estén alegres. Tomen su gozo de la primavera.

Vivan al aire libre cada vez que les sea posible. El sol y el aire son mis grandes fuerzas sanadoras, y ese gozo interior transforma la sangre ponzoñosa en un fluir de salud y vida.

Nunca olviden que la sanidad verdadera del cuerpo, la mente y el espíritu viene desde adentro, del contacto amoroso de su espíritu con el mío.

24 DE FEBRERO

COMPARTAN TODO

Silenciosamente se hace la obra del Espíritu.

El amor ya está atrayendo a otros hacia ustedes. Tomen *a todo* aquel que viene como enviado por mí, y denle una bienvenida de rey. Les sorprenderá todo lo que tengo planeado para ustedes.

Den la bienvenida a todo quien venga por el amor de sus corazones. Quizá *ustedes* no vean la obra. Hoy quizá no les necesiten. Mañana quizá sí. Puedo enviar a visitantes extraños.

Hagan que cada uno desee regresar. Nadie tiene que venir y sentir que no lo quieren aquí.

Compartan su amor, su gozo, su felicidad, sus tiempos, su comida, con alegría y con todos. Verán muchas maravillas. Hoy ven todo como un capullo... pero la gloria de la flor abierta es indescriptible en el lenguaje humano. El amor, el gozo, la paz, en riquísima abundancia... tan solo crean. Den amor y todo lo que puedan dar con corazón y mano alegre y libre. Empleen todo lo que puedan en los demás, y de regreso vendrán incontables bendiciones.

25 DE FEBRERO

CÓMO CONQUISTAR

El gozo es el bálsamo soberano para todos los males del mundo, la cura del espíritu para toda dolencia. No hay nada que el gozo y el amor no puedan hacer.

Establezcan sus parámetros bien altos. Busquen conquistar un mundo, el mundo que las rodea. Digan nada más: «Jesús conquista», «Jesús salva», ante cada duda, cada pecado, cada mal, cada miedo.

No hay mal que pueda contra eso, «porque no hay otro nombre bajo el cielo, dado a los hombres, en que podamos ser salvos». Ante cada pensamiento de necesidad o carencia, diga: «Jesús salva de la pobreza», ante cada miedo afirme: «Jesús salva del miedo».

Hagan esto con cada dolor, cada mal, y desaparecerá como la oscuridad desaparece al salir el sol.

26 DE FEBRERO

Ayuda rápida

Nada falta en sus vidas porque en realidad todo es de ustedes, solo que les falta fe para saber esto. Son como hijas de un Rey que visten harapos, aunque están rodeadas de tiendas donde encontrarían todo lo que pudieran desear.

Oren por más fe, como el sediento en el desierto ora pidiendo lluvia, agua. Mi ayuda viene rápido, con fuerza. ¿Saben lo que es sentirse seguras de que yo jamás les fallaré? ¿Tan seguras como que respiran? ¡Qué pobre es la fe del hombre! Muy pobre. ¿Confían en mí como confiarían en un amigo que les dice que les ayudará? Oren a diario y con mayor diligencia para que su fe aumente.

27 DE FEBRERO

Sonidos del Espíritu

Dediquen un tiempo para orar. Más tiempo para estar a solas conmigo. Solo así prosperarán.

Sepan que oír los sonidos del Espíritu es más que oír todos los ruidos de la tierra. Yo estoy con ustedes. Que eso les contente. No, más que eso, que las llene de fascinación.

A veces ni siquiera han de buscar oír mi voz. Busquen un silencio de entendimiento de espíritu conmigo. No teman. Todo está bien. Perseveren mucho en lo que hice, y en lo que dije.

Recuerden lo que sucedió: «Tocó su mano, y la fiebre la dejó». No con muchas palabras, sino con el contacto de un momento, la fiebre se fue. Ella sanó, estaba bien, en calma, y pudo levantarse y servirles.

Mi toque sigue siendo un potente sanador. Solo sientan ese toque. Sientan mi presencia, y la fiebre del trabajo y la preocupación y el miedo se derretirá para ser nada... y la salud, el gozo y la paz tomarán su lugar.

28 DE FEBRERO

OBRA PERFECTA

Pasen más tiempo a solas conmigo.

En esos momentos les llegará una fuerza y un gozo tan grandes que agregará mucho a su amistad y a su obra.

Los momentos de oración son momentos de crecimiento. Acórtenlos, y muchas horas de trabajo quedará sin ganancia. Los valores del cielo son muy diferentes de los valores de la tierra.

Recuerden que desde la perspectiva del Gran Obrero, una pobre herramienta que *trabaja* todo el tiempo haciendo el trabajo *mal* es de poco valor comparada con el instrumento perfecto y afilado que se utiliza solo por poco tiempo pero que produce una obra perfecta.

CUESTA ARRIBA

*¿Es que el camino es
cuesta arriba todo el tiempo?
Sí, hasta el final.
¿Y nos tomará todo el día llegar?
De la mañana a la noche, amigo mío.*

C. G. ROSSETTI

29 DE FEBRERO

Acérquense

¡Qué poco sabe el hombre de mi necesidad! Mi necesidad de amor y compañía.

He venido a «acercar a los hombres a mí», y es dulce sentir que los corazones se acercan en amor, no buscando ayuda, sino por la tierna camaradería.

Muchos conocen la necesidad del hombre; pocos conocen la de Cristo.

1 DE MARZO

Derramen amor

Siempre las oigo llorar. No hay sonido que se me escape. Muchos, muchos en el mundo lloran ante mí, pero ¡oh!, qué pocos son los que esperan que yo les hable, y aun así, para su alma mis palabras serían muy importantes.

Mis palabras son Vida. Piensen entonces que oírme hablar es encontrar vida, sanidad y fuerza. Confíen en mí para todo. El derramar amor sobre todas las cosas trae pronto retorno.

Cumplan con mis deseos, y permítanme cumplir los de ustedes. Trátenme como Salvador y Rey, pero también con la tierna intimidad hacia Aquel a quien aman mucho.

Guarden las reglas que les he dado, con persistencia, con perseverancia, con amor, paciencia, esperanza y en fe. Y las altas montañas de la dificultad se encogerán, los rugosos lugares de pobreza se alisarán, y todos lo que las conozcan sabrán que yo, su Señor, soy el Señor.

Derramen amor.

2 DE MARZO

PALABRAS DEL ESPÍRITU

«Las palabras que yo os he hablado son espíritu y son vida». Así como lo fueron las palabras que les dije a mis discípulos hace tanto tiempo. Esta es su recompensa por no buscar comunicación espiritual a través de un médium. Los que hacen esto jamás conocerán el éxtasis, la maravilla de la comunicación del espíritu como lo hacen ustedes.

Vida, gozo, paz y sanidad, todo es de ustedes en plena medida. Verán esto mientras avanzan. Primero apenas podrán reconocer los poderes que les estoy otorgando. Envié a mis discípulos de dos en dos, y les di poder sobre los espíritus inmundos, y para sanar todo tipo de enfermedades.

Maravilloso de veras ha de haber sido para el apóstol Pedro sentir que de repente era suyo el poder de su Señor.

3 DE MARZO

SEAN COMO YO

Piensen en mí. Mírenme a menudo, e inconscientemente se volverán como yo.

Quizá no lo vean. Cuando más cerca de mí estén, tanto más dejarán de ver que se parecen a mí. Así que estén consolados, hijos míos. Su sentido del fracaso es señal segura de que están acercándose a mí. Y si su deseo es el de ayudar a otros a venir a mí, entonces ese deseo-oración será respondido.

Recuerden también que es solo la lucha lo que duele. En la holgazanería espiritual, mental o física no hay sentido del fracaso ni incomodidad. Pero con la acción y el esfuerzo, están concientes no de la fuerza sino de la debilidad... al menos al principio. Este es también un signo de vida, de crecimiento espiritual. Recuerden, mi fuerza se hace perfecta en la debilidad.

4 DE MARZO

Llave a la santidad

Acérquense a mí, hijos míos. El contacto conmigo es la panacea para toda dolencia. Recuerden que la verdad tiene muchos lados. Tengan mucho amor y paciencia tierna para todos los que no ven las cosas como las ven ustedes.

La eliminación del ego es la clave a la santidad y la felicidad, y solo puede lograrse con mi ayuda. Estudien más mi vida. Vivan en mi presencia. Adórenme.

Dije en Getsemaní: «Si es posible, pase de mí esta copa». *No dije* que no hubiera copa de pena que beber. Fui herido, escupido, clavado en la cruz y dije: «Padre, perdónalos porque no saben lo que hacen».

No dije que no lo habían hecho. Cuando mi discípulo Pedro me urgió a escapar de la cruz, dije: «¡Quítate de delante de mí, Satanás!»

Cuando mis discípulos no ayudaron al muchacho epiléptico, dije: «Este género no sale sino con oración y ayuno». No dije: «Imaginaron que estaba enfermo. No tiene nada».

Cuando la Biblia dice sobre Dios: «Muy limpio eres de ojos para ver el mal», fue para imputar el mal a su pueblo. Él siempre ve lo bueno en las personas, pero recuerden que «cuando llegó cerca de la ciudad, al verla, lloró sobre ella».

5 DE MARZO

EL MIEDO ES MALO

No teman. El miedo es malo, y «el amor perfecto echa fuera el temor». No hay lugar para el temor en el corazón en donde yo habito. El miedo destruye la esperanza. No puede existir donde hay amor o fe.

El miedo es la maldición del mundo. El hombre teme... le teme a la pobreza, a la soledad, al desempleo, a la enfermedad.

Muchos, muchos son los miedos del hombre. Una nación teme a otra nación. Miedo, miedo, miedo en todas partes. Combatan al miedo como a una plaga. Quítenlo de sus vidas y hogares. Peleen individualmente. Peleen juntos. Jamás inspiren miedo. Es un aliado malvado. Miedo al castigo, miedo a la culpa.

Ningún obra en la que se emplee a este enemigo mío me pertenece. Échenlo. Tiene que haber una forma mejor, diferente. Pídanme, y se las mostraré.

6 DE MARZO

AMOR Y RISA

Trabajen para mí, conmigo, a través de mí. Toda obra que perdure ha de hacerse en mi Espíritu. Mi Espíritu obra en silencio. Con suavidad, gradualmente, las almas llegan a mi Reino.

Amor y risa son el arado que prepara la tierra para la semilla. Recuerden esto. Si el suelo está duro, la semilla no germinará.

Preparen el suelo, como yo les digo.

7 DE MARZO

SORPRESAS

Hay muchos que creen que pongo a prueba, entreno y doblego según mi voluntad. Yo, que les pedí a los discípulos que tomaran la cruz, disfruté de preparar un banquete para ellos junto al lago... una pequeña sorpresa, no una necesidad, como pudo parecer alimentar a la multitud. Me gustó dar el don del vino en el banquete de bodas.

Así como les gusta a ustedes preparar sorpresas para quienes las entienden y se gozan en ellas, así sucede conmigo. Me gusta planificar sorpresas para quienes ven mi amor y tierno gozo en ellas.

Amado de mi Padre es aquel que no ve solo mis lágrimas, las lágrimas de un Salvador, sino la sonrisa gozosa de un Amigo.

8 DE MARZO

VIDA EN EL CIELO

El gozo de la primavera será suyo en plena medida. Deléitense en el gozo de la tierra. ¿No creen que la naturaleza también se cansa de sus largos meses de esfuerzo? Retornará un gozo maravilloso si comparten su deleite ahora.

La naturaleza es el espíritu de mis pensamientos de belleza en este mundo. Trátenla como tal, como mi siervo y mensajero, como cualquier santo que haya vivido jamás. Al saber esto, tendrán nueva vida y gozo. Compartan sus gozos y esfuerzos, y serán suyas grandes bendiciones.

Esto es muy importante, porque no es solo creer ciertas cosas sobre mí lo que ayuda y sana, sino conocerme, sentir mi presencia en una flor, mi mensaje en su belleza y perfume.

Pueden vivir una vida que no es de la tierra... una vida del cielo, aquí y ahora. Gozo... gozo... gozo.

9 DE MARZO

NADA ES PEQUEÑO

Nada es pequeño para Dios. A sus ojos un gorrión vale más que un palacio, una palabra amable importa más que el discurso de un estadista.

Es la vida en todo lo que tiene valor, y la calidad de la vida lo que determina el valor. Vine a dar vida eterna.

10 DE MARZO

FRUTO DEL GOZO

Deben acallar a su corazón y pedir a sus sentidos que se aquieten para poder sintonizar la música del cielo.

Sus cinco sentidos son el medio de comunicación con el mundo material, el vínculo entre su vida espiritual y las manifestaciones materiales que les rodean, pero han de cortar toda conexión con ellas para comunicarse con el Espíritu. Porque serán obstáculo, y no ayuda.

Vean el bien en todos. Amen lo bueno en todos. Vean su propia falta de valía en comparación con el valor de ellos. Amen, rían, hagan que su mundo —su pequeño mundo— sea feliz.

Como las olas que causa una piedra al caer en la superficie del agua en un estanque, así ha de esparcirse su gozo en círculos que se expanden, más allá de su conocimiento, de toda anticipación. Gozo en mí. Ese gozo es eterno.

Siglos después, sigue dando el precioso fruto del gozo.

11 de marzo

Busquen la belleza

Encuentren belleza en cada flor, gozo en el canto de los pájaros y el color de las flores. Estoy con ustedes. Cuando quise expresar un pensamiento hermoso, hice una flor bella.

Cuando quiero expresar al hombre lo que Soy —lo que es mi Padre— busco formar un hermoso carácter.

Piensen de sí mismos como una expresión mía de atributos, así como la bella flor es expresión de mi pensamiento, y se esforzarán en todo, en belleza espiritual, en pensamiento, en poder, en la salud, en sus vestidos, para ser una expresión de mí en todo lo que puedan.

Absorban la belleza. Así como la belleza de una flor o un árbol dejan impresión en sus almas, también deja una imagen allí que se refleja a través de sus acciones. Recuerden que el pensamiento de pecado o sufrimiento, del desprecio y la crucifixión, no me impidieron ver la belleza de las flores.

Busquen la belleza y el gozo en el mundo que les rodea. Miren la flor hasta que su belleza se haga parte de su alma. Volverá al mundo a través de ustedes, en una sonrisa, en una palabra amable.

Escuchen a un pájaro. Tomen su canto como un mensaje de mi Padre. Que llegue a su alma. Eso también volverá al mundo de la manera que les he dicho. Rían más a menudo. Amen más. Estoy con ustedes. Soy su Señor.

12 de marzo

Sencillez

La sencillez es la clave de mi Reino. Elijan siempre lo sencillo y simple.

Amen y reverencien lo humilde, lo sincero.

Tengan solo cosas sencillas aquí. Su parámetro jamás ha de ser el parámetro del mundo.

13 de marzo

Espiritualidad

Esperen ante mí, respirando con gentileza en mi Espíritu. Ese espíritu que, si tiene entrada libre y no encuentra obstáculo en el ego, les permitirá hacer las mismas obras que hice yo, lo cual interpretado significa que me permitirá hacer las mismas obras —y aun más grandes que las que hice cuando estuve en la Tierra— a través de ustedes.

Está mal ser espiritista. Nadie ha de ser médium para espíritu alguno, más que el mío.

Lo que han de saber es que todo está bien para que conozcan mi Espíritu y mi Reino. Les diré cuándo y cómo me parece mejor. El límite lo pondrá su propio desarrollo espiritual. Sigan mis instrucciones en todo.

Paz... paz... paz.

14 DE MARZO

TOQUE DE DIOS

Cerca, muy cerca, como la pájara madre se ocupa de sus pichones, aquí estoy. Soy su Señor. Vida de su cuerpo, de su mente y su alma. Renovador de su juventud.

No saben qué es lo que este tiempo de conversación conmigo representará para ustedes. ¿No dijo mi siervo Isaías: «Los que esperan en el Señor renovarán sus fuerzas; se elevarán con alas de águila, correrán y no se cansarán; caminarán y no desmayarán»?

Perseveren en todo lo que les mando hacer. La persistente obediencia a mis mandamientos, a mis deseos, infaliblemente les traerá —en lo espiritual, mental y temporal— al lugar donde han de estar.

Si vuelven a repasar mis Palabras, verán que mi guía ha sido muy gradual, y que solo a medida que cumplieron mis deseos he podido darles una enseñanza y guía más clara y definida.

El éxtasis del hombre es el toque de Dios en nervios espirituales sensibles, que responden. Gozo... gozo... gozo.

15 DE MARZO

TÚ ERES TU CRUZ

Recuerda, eres solo un instrumento. No te corresponde decidir cómo, o cuándo y dónde has de actuar. Yo lo planifico. Procura estar siempre dispuesto a hacer mi obra. Todo lo que impida tu actividad ha de sanar. Mía es la cruz en la que se ponen las cargas del mundo. Qué tonto es que uno de mis discípulos busque llevar su propia carga cuando hay un lugar donde ponerla... mi cruz.

Es como el hombre cansado en el camino polvoriento, caliente, que lleva una carga pesada, cuando todo se ha planeado para que pudiera ser llevada de otro modo. Las flores, el paisaje, el camino y la belleza que le rodean... todo se pierde ante su vista.

Sin embargo, hijos míos, pueden pensar que dije: «Tome su cruz cada día, y sígame».

Sí, pero la cruz que les di a cada uno es solo para que crucifiquen su ego, que impide el progreso y el gozo, y para que fluya por su ser mi vigorizante Vida y Espíritu.

Escúchenme, ámenme, regocíjense en mí. Regocíjense.

16 DE MARZO

REFLÉJENME

Hijos míos, estoy aquí, a su lado. Acérquense en espíritu a mí. Cierren la puerta a las distracciones del mundo. Yo soy su vida, el aliento de su alma. Aprendan a encerrarse en el lugar secreto de su ser, que es también mi lugar secreto.

Es cierto que espero en muchos corazones, pero pocos son los que se retiran a ese lugar interior del ser para estar en comunión conmigo. Donde está el alma, allí estoy yo. Rara vez ha entendido esto el hombre. Estoy en verdad en el centro del ser de todo hombre, pero distraído con las cosas de la vida y de los sentidos, él no me encuentra.

¿Entienden que les estoy diciendo *verdades,* revelándolas, y no repitiendo hechos y cosas que se dicen siempre? Mediten en todo lo que digo. Piensen en ello. No para sacar sus propias conclusiones, sino para absorber las mías.

A lo largo de las eras los hombres han estado demasiado interesados en decir lo que pensaban sobre mi verdad, y al hacerlo se han equivocado en mucho. Óiganme, hablen conmigo. Refléjenme.

No digan lo que piensan *acerca* de mí. Mis palabras no necesitan de explicación humana. Yo puedo explicarle a cada corazón.

Háganme realidad, y dejen que yo haga mi obra. Una cosa es traer a mí un alma, mas buscar permanecer con ella para interpretar las cosas estropea este gran primer acto. Así suele suceder en las relaciones humanas. Cuánto más, entonces, en cuestiones del alma, y yo, su Hacedor, soy el único Espíritu real que lo entiende.

17 DE MARZO

NO HAY GOZO MÁS GRANDE

Retírense a la calma de la comunión conmigo. Reposen, reposen, reposen en esa calma y esa paz. La vida no conoce gozo más grande que el que encontrarán al conversar en comunión conmigo.

Son míos. Cuando el alma encuentra su hogar de descanso en mí, entonces comienza la verdadera vida. En mi Reino no medimos en años, como los cuenta el hombre.

Solo contamos a partir de su segundo nacimiento, ese nuevo nacimiento del que le hablé a Nicodemo cuando dije: «Debes nacer de nuevo». No conocemos vida más que la vida eterna, y cuando el hombre entra en ella, entonces vive.

Y esta es la vida eterna, conocer a Dios, mi Padre, y a mí, el Hijo enviado por Él. Tan inmaduro, tan infantil, tan vacío es lo que llaman vida antes de eso. Yo derramo amor sobre ustedes. Trasmítanlo a otros.

No temas. Temer es algo tan tonto como si un niño con una pequeña moneda, pero con un padre rico, se preocupa por cómo pagar la renta o qué hacer con la moneda. ¿Es esta mi obra o no lo es? Necesitan confiar en mí para todo.

18 DE MARZO

SUS RESOLUCIONES

Escuchen, escuchen, yo soy su Señor. Ante mí no hay ningún otro. Confíen en mí para todo, nada más. La ayuda está allí en todo momento.

El camino de la dificultad ya casi termina, pero han aprendido en él lecciones que no habrían podido aprender en ningún otro camino. «El reino de los cielos sufre violencia, y los violentos lo arrebatan». Tomen de mí, por medio de la firme y simple confianza y la oración persistente, los tesoros de mi Reino.

Tantas cosas maravillosas han de venirles: gozo, paz, seguridad, salud, felicidad, risa.

Reclamen cosas grandes, realmente grandiosas, ahora. Recuerden, nada es demasiado grande. Satisfagan el anhelo de mi corazón por dar. Bendición, abundante bendición, sobre ustedes dos ahora y siempre. Paz.

19 DE MARZO

CORAJE

Estoy aquí. No teman. ¿Pueden confiar en mí realmente? Soy un Dios de poder y un Hombre de amor, tan humano y también tan divino.

Solo confíen. No puedo fallarles, y no lo haré. Todo está bien. Coraje. Muchos oran por ustedes dos.

20 de marzo

Ayuda de todas partes

Sus tontas y pequeñas actividades carecen de valor en sí mismas.

Momentos aparentemente triviales o de supuesta gran importancia, todos son iguales si yo los dirijo. Dejen de funcionar, a menos que sea a través de mí.

Yo soy su Señor. Obedézcanme, como esperarían que un secretario fiel cumpliera con las instrucciones que *ustedes* le dieran. No tengan otra decisión que la mía, ni voluntad más que la mía.

No dependo de agente alguno cuando soy su provisión. Mi ayuda y asistencia material pueden venir por muchos canales.

21 de marzo

Todo está bien

Recuerden mis palabras a mis discípulos. «Este género no sale sino con oración y ayuno». ¿Pueden andar el camino que anduve yo? ¿Pueden beber de mi copa? «Todo está bien». Digan siempre: «Todo está bien».

Por largo que parezca el camino, no hay ni un centímetro de más. Yo, su Señor, no solo estoy con ustedes a lo largo del viaje, sino que lo planeé, estoy planeando, el viaje.

Hay gozo inefable en el camino que andan. Coraje... coraje... coraje.

22 DE MARZO

CAPULLO ABIERTO

A mí, su Amigo íntimo, me es dado todo poder. Me lo da mi Padre, ¿y no tienen derecho mis amigos íntimos a pedirlo?

No pueden tener una necesidad que yo no pueda cubrir. Una flor, o mil libras, nada es más difícil que lo otro. Su necesidad es espiritual, la de hacer mi obra. Toda necesidad espiritual se cubre con amor. La flor y las mil libras, ambas provienen del amor para quienes las necesitan. ¿Es que no lo ven? Pensé en ustedes, un capullo se abrió. Lo convirtieron en vitoreo por quien ustedes aman, o en una sonrisa. Ese vitoreo significó más salud. Más salud significa obrar para mí, y eso significa almas para mí.

Y así continúa, una provisión constante, pero solo si la necesidad es espiritual.

23 DE MARZO

HASTA QUE SU CORAZÓN CANTE

Estoy a su lado para bendecirles y ayudarles. No flaqueen en sus oraciones. Serán oídas. Todo poder es mío. Díganselo a sí mismas, a menudo y con firmeza.

Díganlo hasta que su corazón cante con el gozo de la seguridad y el poder que esto representa para ustedes.

Díganlo hasta que la fuerza del decirlo haga que todo mal en su contra se anule.

Utilícenlo como grito de batalla: «Todo poder le es dado a mi Señor», «Todo poder le es dado a mi Amigo», «Todo poder le es dado a mi Salvador», y así pasarán a la victoria.

24 DE MARZO

CONÓZCANME

Estoy aquí. No busquen conocer el futuro. Con misericordia echo un velo sobre el mismo ante sus ojos.

La fe es una posesión demasiado preciada como para sacrificarla en pos de adquirir conocimiento. Aunque el conocimiento mismo se basa en el conocimiento de mí.

Recuerden que este tiempo de la noche no es para aprender el futuro, no es para recibir revelación de lo oculto, sino para obtener íntimo conocimiento de mí, el cual les enseñará todas las cosas y será cimiento de su fe.

25 DE MARZO

LOS MILAGROS VENDRÁN

Estoy con ustedes. No teman. Nunca duden de mi amor y poder. Sus mayores éxitos serán logrados haciendo de forma diaria y persistente lo que yo he dicho.

A diario, con persistencia firme. Como se desgasta la piedra con la gota de agua, así su persistencia diaria erosionará las dificultades y les dará éxito, asegurando su ayuda para los demás.

Nunca flaqueen, avancen con coraje, sin miedo. Estoy con ustedes para ayudarles y fortalecerles.

Los milagros se han revelado. Más milagros vendrán, más allá de lo que esperan o sueñan.

Digan: «Todo está bien» a todos. Todo *está* bien.

26 DE MARZO

SIGAN A SU GUÍA

Yo estoy con ustedes para guiarles y ayudarles. Fuerzas ocultas están controlando su destino. Sus miedos no tienen fundamento.

¿Qué hay del hombre que caminaba en la pradera y se preocupaba porque había un río que quizá no pudiera cruzar, cuando todo el tiempo había un puente para que lo atravesara? ¿Y qué del hombre que tenía un amigo que conocía el camino —lo había planeado— y le aseguraba que no había parte del viaje en que hubiera contingencia imprevista, y que todo estaba bien?

Así que dejen ya sus tontos miedos, y síganme, a mí, su guía, y con determinación niéguense a pensar en los problemas de mañana. Mi mensaje para ustedes es que confíen y esperen.

27 DE MARZO

AVANCEN

Descansen en mí, quietos en mi amor, fuertes en mi poder. Piensen en lo que significa poseer un poder más grande que toda fuerza terrenal. Un impulso, una influencia más grande y de mucho mayor alcance que el de cualquier rey sobre la tierra.

No hay invento, ni electricidad, ni magnetismo ni oro que pudiera lograr la millonésima parte de todo lo que pueden lograr ustedes por el poder de mi Espíritu. Solo piensen por un momento en lo que significa todo esto.

Avancen. Solo están iniciando la nueva vida juntas. Gozo, gozo, gozo.

28 DE MARZO

MONTAÑAS DE MAL

La fe y la obediencia moverán montañas, montañas de mal, montañas de dificultad.
Pero han de ir de la mano.

29 DE MARZO

UNA VIDA APARTE

Recompenso su búsqueda con mi presencia. Regocíjense y estén alegres. Soy su Dios. El coraje y el gozo conquistarán toda dificultad. Primero lo primero.

Búsquenme, ámenme, regocíjense en mí. Soy su guía. No hay peligro que pueda asustarlas, ni disciplina que pueda agotarlas. Perseveren. ¿Pueden seguir con mi fuerza? Las necesito más de lo que ustedes me necesitan. Luchen en este tiempo, por mí. La iniciación precede a toda obra real, a todo éxito para mí.

¿Están realmente dispuestas a vivir una vida aparte? ¿Aparte conmigo? ¿En el mundo y aun así aparte conmigo? ¿Avanzando desde sus secretos momentos de comunión para rescatar y salvar?

30 DE MARZO

LIBERACIÓN

Estén en calma, en verdad, en silencio. Yo monto guardia. Descansen en mi amor. Gócense en la belleza de la santidad. Son mías. La liberación está aquí para ustedes, pero la gratitud y el gozo abren las puertas.

Intenten estar alegres en todas las cosas, muy felices, muy agradecidas. No es a la quieta resignación a la que doy mis bendiciones, sino a la gozosa aceptación y anticipación.

La risa es la expresión externa del gozo. Por eso les urjo a amar y reír.

31 DE MARZO

OFRENDA DE AMOR

Soy su Señor, gracioso y amoroso. Descansen en mi amor; caminen en mis caminos. Cada semana es una semana de progreso, de firme progreso hacia adelante. Quizá no lo vean, pero yo sí lo veo.

No juzgo por las apariencias, sino por el corazón, y veo en sus corazones un mismo deseo: el de hacer mi voluntad. La más sencilla ofrenda de un niño, traída o efectuada con el único deseo de agradarles o de mostrarles amor, ¿no es más apreciada por ustedes que las ofrendas de quienes no las aman?

Así que, aunque sientan que su obra se ha estropeado o ensuciado, yo la veo solo como una ofrenda de amor. Coraje, hijas mías.

Al trepar una colina empinada, el hombre a menudo está más conciente de la debilidad de sus pies que tropiezan que de la vista, la grandeza, o de su progreso. Perseveren, perseveren. Amen y rían. Regocíjense.

1 DE ABRIL

APARTADOS DE DIOS

¿No ven, hijos míos, que aún no lo han aprendido todo? Pronto, muy pronto, habrán dominado su lección y entonces podrán hacer todas las cosas a través de mí y mi fuerza.

¿No lo advirtieron en mis discípulos? Tímidos, sin fe, y luego de pronto, ellos mismos eran líderes, sanadores, conquistadores, a través de mí.

Todo conocimiento era mío, dado por mi Padre, y mío en los años de mi humanidad en la tierra. Ustedes lo entienden. Mis hijos, sé que lo entienden.

Miles de mis sirvientes han marchado a su traición y muerte, así como otros, que no me conocían, sin agonía.

Si no hubiera sido el Hijo de Dios, cargando con el peso del pecado del hombre, llevándolo deliberadamente por mi propia voluntad —porque en ese momento de horror estaba apartado de su visión junto al hombre, el pecador, durante un corto tiempo— si no hubiera sido Dios, si no hubiera existido mi sufrimiento... entonces hubiera sido un mero mortal.

2 DE ABRIL

BENDICIÓN SIN PRECIO

Estoy aquí. Aquí, tan ciertamente como lo estaba con mis discípulos de antaño. Aquí para ayudarles y bendecirles. Aquí para acompañarles. ¿No saben aún, hijos míos, que esta es una bendición sin precio en sus vidas? Les perdono, como me lo pidieron en oración, por todas las veces que ignoraron mis mandamientos. Pero han de empezar de nuevo a partir de hoy.

Estudien mis Palabras y cúmplanlas sin titubeos, sin titubeos. Al hacerlo encontrarán que obran milagros, harán milagros conmigo... para mí. Recuerden esto, no es lo que *hacen* sino lo que son... ese es el poder para obrar milagros.

Cambiados por mi Espíritu, quitándose una vestidura del Espíritu por una mejor; con el tiempo quitándose también esta por una más fina, y así, de carácter en carácter, transformándose gradualmente a mi imagen.

Gozo, gozo, gozo.

3 DE ABRIL

La grandeza es servicio

Hijos míos, estoy aquí, soy su Señor que espera, dispuesto a responder a su llamado. Estoy entre ustedes como Aquel que sirve. Humilde y santo, dispuesto a ser usado, a obedecer órdenes. Recuerden que esta es la más alta cualidad de la grandeza... el servicio. Yo, que puedo comandar un universo, espero las órdenes de mis hijos. Permítanme participar en todo. Encontrarán gran gozo a medida que pase el tiempo, cuando hablen entre ustedes acerca de mí, subiendo juntos cada vez más alto. Siempre humildes, mansos, de corazón humilde. Aprendan esto —sin posición— solo como siervos.

4 DE ABRIL

Divina eficiencia

Soy todopoderoso, omnisciente, y tengo todos sus asuntos en mis manos. Divina eficiencia y divino poder han de sobrevenirles.

Todo milagro no es obra de un momento, como imaginan tan a menudo los hombres. Mi siervo Pedro no cambió en un instante de simple pescador a gran líder y maestro, sino que a través de cada momento de fidelidad —a través de cada momento de negación— estaba yo haciendo de él todo lo que llegaría a ser. Vocero impetuoso, listo para liderar a los otros discípulos, Pedro jamás podría haber tenido el poder posterior que tuvo si no hubiera aprendido de su debilidad. Ningún hombre puede salvar a menos que entienda al pecador.

El Pedro que luego fue poderosa fuerza para mí, quien más que todos los demás fundó mi iglesia, al principio no fue siquiera el Pedro que dijo: «Eres el Cristo, el Hijo del Dios viviente», sino el Pedro que me negó. Aquel que puso a prueba mi perdón en su momento de remordimiento, es el que podría hablar de mí mejor como Salvador.

El reino de los cielos solo puede ser predicado por aquellos que han aprendido a valorar la autoridad de su reinado. Mis apóstoles necesitan entrenamiento en muchos aspectos. ¡Oh!, gozo. Oh, regocíjense. Los amo. No habrá prueba que sea demasiado para ustedes.

5 DE ABRIL

Intérprete del corazón

Descansen en mí. Busquen este tiempo de la noche para estar a solas conmigo. No sientan que han fracasado si a veces les pido que solo descansen juntas en mi presencia.

Estoy con ustedes mucho, con ambas, no solo en estos momentos sino en todo instante. Sientan conciencia de mi presencia. La tierra no tiene mayor gozo que ese.

Soy el gran intérprete del corazón. Hasta las almas que más juntas están tienen mucho en sus naturalezas que permanece como un libro sellado para la otra, y solo cuando yo entro y controlo sus vidas, revelo a cada una los misterios de la otra persona.

Cada alma es muy diferente, solo yo entiendo a la perfección el idioma de cada una y puedo ser el intérprete entre las dos.

6 DE ABRIL

Gozo de Pascua

Impongo mis amorosas manos sobre ustedes en bendición. Esperen con amor y anhelo de sentir su tierna presión, y al esperar, el coraje y la esperanza fluirán en su ser, irradiando todas sus vidas con el cálido sol de mi presencia.

Libérense de todo en esta Pascua. Dejen todo lo de la Tierra, las preocupaciones, los intereses, aun sus alegrías. Suelten sus manos, relájense, y entonces vendrá la marea del gozo de la Pascua. Dejen de lado todo pensamiento sobre el futuro, sobre el pasado. Renuncien a todo para obtener el sacramento de la Pascua de la vida espiritual.

A menudo el hombre, clamando por alguna bendición, sigue teniendo tal apego a algún tesoro de la tierra que no tiene mano para recibir el mío, que le presento con amor. La Pascua es el tiempo de asombro y milagro en todo el año. Una bendición que pueden tomar. Sacrifiquen todo por esto.

7 DE ABRIL

Calvario

De la muerte de mi cuerpo en la cruz, como del despojo de las cáscaras en la vida de la semilla, nace esa nueva vida que es mi don a todo hombre dispuesto a aceptarla.

Mueran conmigo al ego, a la vida humana, y entonces conocerán el apasionante gozo de la Resurrección de Pascua.

Una vida resucitada tan alegre y libre puede ser de ustedes.

María salió de casa, dejando a amigos y familiares esa mañana de Pascua para buscarme, y no fue sino hasta que el llamado de «María» fue seguido por la contestación triunfante y gozosa de «Rabboni», que cesó su búsqueda.

Así ocurre con cada uno de ustedes. El hombre les habla también de un Cristo sepultado. Busquen hasta que me encuentren cara a cara, y mi tierna voz pronunciando su nombre despertará su alegre respuesta: «Rabboni».

8 DE ABRIL

Marcas del reino

Nuestro Salvador, te saludamos.
Tu amor y sacrificio queremos retornar en nuestra
pobre y fallida medida de amor y sacrificio.

No hay don pequeño si expresa el verdadero y sincero amor del que lo da. Así, para mi corazón sus dones son ricos y preciosos. Regocíjense en mi alegre aceptación cuando traen ante mí sus ofrendas de Pascua.

Mis hijos han de hacer un compromiso. «Vengan de entre ellos y sepárense», fue el mandamiento. Hoy en la vida y el trabajo, en el amor y el servicio, mis hijos han de destacarse. Llamé a un Pueblo Peculiar para que hagan conocer mi Nombre. Mi siervo Pablo dijo que mis seguidores han de estar dispuestos a que los consideren «locos» por mi causa.

Estén dispuestos a apartarse, y dejen que pasen las modas y costumbres del mundo, cuando mi gloria y mi reino se vean servidos a través de ello. Háganse conocer por las marcas que distinguen a los de mi Reino. Estén dispuestos a confesarme ante los hombres. A contar todas las cosas como pérdida, para que puedan ganarme a mí en sus vidas.

9 DE ABRIL

VIDA RESUCITADA

Levántate, resplandece; porque ha venido tu luz, y la gloria de Jehová ha nacido sobre ti.
ISAÍAS 60:1

Llega el llamado en este, mí día, para todos los que me aman, para que se levanten de las ataduras de la tierra, del pecado, de la holgazanería y la depresión, la desconfianza, el miedo y todo lo que impide la vida resucitada. Que se levanten a la belleza, la santidad, el gozo, la paz, para trabajar inspirados por el amor y el gozo, para resucitar de la muerte a la vida.

Recuerden que la muerte fue el último enemigo que destruí. Así que con la muerte mi victoria fue completa. No tienen por lo tanto nada que temer. El pecado también ha sido conquistado y perdonado al ustedes vivir, moverse y obrar conmigo. Todo lo que les deprime, todo lo que temen, no tiene poder para dañarles. Son solo fantasmas. Las fuerzas reales las conquisté yo, en el desierto, en el Jardín de Getsemaní, en la cruz y la tumba.

Que nada impida su vida resucitada. «Resucitado con Cristo», dijo mi siervo Pablo. Busquen saber cada vez más de esa vida resucitada. Esta es la vida de conquista. De esta vida se dijo verdaderamente: «Ya no vivo yo, mas vive Cristo en mí». El temor, la desesperación y las lágrimas vienen al pararse ustedes frente a la tumba vacía. «Se han llevado a mi Señor, y no sé dónde le han puesto».

Resuciten de sus miedos y salgan al sol a encontrarse conmigo, su Señor Resucitado.

10 DE ABRIL

EL ORGULLO ES UN OBSTÁCULO

La obediencia es una de las llaves que abre la puerta a mi Reino, así que amen y obedezcan. Nadie puede obedecerme implícitamente sin llegar a conocer mi amor, y a la vez responder con afecto a tal amor, experimentando el gozo del amado y del amante.

Las duras piedras de la obediencia que han de pisar conducen al mosaico del gozo y el amor que constituye el piso de mi cielo. Como uno que en la Tierra ama a otro dice: «Donde tú estés estará mi hogar», así sucede en relación conmigo. Donde yo estoy está mi Hogar... en el Cielo.

El cielo puede estar en una triste y pobre casa, o en un palacio, y yo puedo formar mi Hogar en el corazón más humilde. Solo puedo vivir con el humilde. El orgullo es un centinela en la puerta del corazón, para cerrarla al humilde Cristo.

11 de abril

Guarden el fuerte

Recuerden que mis seguidores han de ser un pueblo diferente, aparte de todos los demás. Con caminos diferentes, modos diferentes, estilos de vida diferentes, costumbres diferentes y motivos diferentes. Oren por amor.

Oren porque mi Espíritu de amor se derrame sobre todo el que encuentren. Sean severos con ustedes mismos. Aprendan a amar la disciplina. Nunca se sometan en ningún punto donde ya hayan ganado. Disciplina, disciplina. Ámenla y regocíjense... regocíjense. Pueden mover montañas con el pensamiento... con el deseo.

12 de abril

Oportunidad dorada

Soy su guía. La fuerza y la ayuda vendrán a ustedes; solo confíen en mí para todo.

No teman. Siempre estoy dispuesto a oír, más dispuesto de lo que ustedes están para pedir. Caminen en mis caminos, y *sepan* que la ayuda vendrá.

La necesidad del hombre es la oportunidad de Dios para ayudar. Me gusta ayudar y salvar. La necesidad del hombre es la oportunidad dorada que Dios tiene para dejar que su fe encuentre expresión. Esa expresión de fe es todo lo que Dios necesita para manifestar su poder. La fe es la llave que abre el depósito de los recursos de Dios.

Mis fieles sirvientes, anhelan la perfección y ven sus amargos defectos. Yo veo fidelidad, y de la misma forma en que la madre toma el trabajo imperfecto y con errores que hizo su hijo y lo inviste de perfección a causa del dulce amor, así tomo yo su pobre fidelidad y la corono con perfección.

13 de abril

Amables con todos

Amen y rían. Hagan que su mundo sea más feliz porque ustedes están en él. Amen y regocíjense en los días grises. Hay días de desierto para mis discípulos, así como Montes de la Transfiguración, pero en ambos es el deber, la persistencia, la fidelidad, lo que habla.

Sean amables con todos. Intenten ver el corazón que veo yo, conocer el dolor y la dificultad de la otra vida como los conozco yo. Intenten, antes de entrevistar a alguien, o de hablarles, pedirme que actúe como intérprete entre ambos.

Solo vivan en el espíritu de la oración. Al hablar conmigo encontrarán reposo para su alma. Las tareas simples, hechas con fidelidad y persistencia, traen su propia recompensa y son mosaicos en el pavimento del éxito.

Den la bienvenida a todos los que vengan aquí. Las amo.

14 de abril

Yugo igual

Hijas mías, les guío siempre. Quizá no siempre logren avanzar, pero la guía siempre está ahí. Dios está usándolas a ambas de maneras maravillosas. Avancen con alegría. Ustedes podrán ver.

Para ser un gimnasta perfecto se requiere equilibro. Equilibro y postura, perfecto equilibrio y postura. Les estoy enseñando ahora. Esto les dará poder para comprender las vidas de los demás, y este poder ya está siendo manifestado maravillosamente.

La visión que ambas tienen es el medio para quitar los obstáculos del camino. Cuando mi discípulo ve mi propósito por delante, esa visión es el poder que quita todo obstáculo en su campo de visión. Ambas tendrán gran poder para hacer esto. La Luz Espiritual es en sí misma hacedora de milagros.

La gente pierde mucho tiempo buscando entender qué es lo que ven. Les declaro que al buscar mi propósito todo está hecho. De cierto les dije a mis discípulos: «Aún tengo muchas cosas que deciros, pero ahora no las podéis sobrellevar». Sin embargo a ustedes, y a los que se reúnen para oírme como lo hacen ustedes, les puedo declarar ahora esas cosas que dejé sin decir anteriormente.

¿No está claro ahora el mensaje de mi siervo Pablo: «No os unáis en yugo desigual con los incrédulos»? Porque mi guía se intensifica grandemente en poder cuando dos tienen un mismo deseo de estar conmigo... pero muy pocos lo han entendido.

15 DE ABRIL

NUNCA SE SIENTAN INADECUADAS

Obedezcan mis mandamientos. Son escalones en la escalera que lleva al éxito. Por sobre todas las cosas, permanezcan en calma, inmutables.

Vuelvan al silencio para recuperar esta calma cuando la pierdan tan siquiera por un momento. Lograrán más con esto que con todas las actividades de un largo día. Mantengan la calma a toda costa; no podrán ayudar a nadie si están agitadas. Yo, su Señor, no veo lo que ve el hombre.

Nunca sientan que son inadecuadas para ninguna tarea. Toda obra aquí se logra por mi Espíritu, que puede fluir desde el más humilde, el más sumiso. Él solo necesita un canal sin bloqueos. Despójense del ego y todo estará bien.

Oren por ello, pero concéntrense en pocas cosas hasta cumplirlas. Las estoy viendo y cuidando. Les doy fuerzas para su tarea diaria, de cada hora. Si no la reclaman y fallan porque no la tienen, será suya la culpa y el pecado.

16 DE ABRIL

Amen a sus sirvientes

Amen, amen, amen. El tierno amor es el secreto. Amen a quienes están entrenando, amen a quienes trabajan con ustedes, amen a quienes les sirven.

Permanezcan en ese pensamiento... Dios es amor. Únanlo con «Yo y el Padre uno somos». Perseveren en mis acciones en la tierra. Vean en ellas el amor en acción.

Si fue Dios quien actuó así, entonces fue amor, perfecto amor, el que cumplió dichas acciones, dichos milagros. Así que ustedes también han de poner al amor (Dios) en acción en sus vidas. El amor perfecto significa perdón perfecto. Hijas mías, verán que donde está Dios no puede haber falta de perdón, porque eso es falta de amor.

> Dios es amor... no juicio
> Dios es amor... no resentimiento
> Dios es amor... todo paciencia
> Dios es amor... todo poder
> Dios es amor... toda provisión

Lo único que necesitan tener es amor a Dios y a las personas. El amor a Dios asegura la obediencia a cada deseo, a cada mandamiento. El amor es el cumplimiento de toda ley. Oren mucho por el amor.

17 DE ABRIL

LOS DOS GOZOS

Hijos míos, vengo. Los corazones ansiosos por hacer mi voluntad envían un llamado que hasta yo encuentro irresistible. No conozco barreras entonces.

La renuncia a mi voluntad me aparta de más corazones de lo que lo hace la falta de fe. ¿Hay algo que pueda ser un crimen mayor en contra del amor que renunciar? Mi voluntad debe recibirse con gozosa maravilla, si he de hacer mi obra en el corazón y la vida.

En todo verdadero discipulado, y en el verdadero desarrollo espiritual de cada discípulo, está primero el asombro, la maravilla, el gozo del primer encuentro, y luego el largo camino de la disciplina y de aprender las lecciones.

Pero la constante experiencia de mí, la constante y persistente visión y reconocimiento de mi obra en los sucesos cotidianos, la innumerable cantidad de veces en que tiene lugar algo que parece azar o maravillosa coincidencia, pero que ha de rastrearse en sus orígenes a mi amoroso planeamiento... todo esto gradualmente engendra un sentimiento de maravilla, certeza, gratitud, seguidos con el tiempo por el gozo.

Hay dos tipos de gozo. El gozo que nace del amor y la maravilla, y el gozo que nace del amor y el conocimiento, y entre la experiencia de los dos gozos está la disciplina, la decepción, casi la desilusión.

Combatan esto con mi fuerza, perseveren en obedecer mi voluntad, acepten mi disciplina, y el segundo gozo llegará.

Y de este segundo gozo se dijo: «Nadie os quitará vuestro gozo». No lamenten el primero, porque el segundo es el don más grande.

18 DE ABRIL

NO HAY DÍAS OSCUROS

Tanta luz, tanto gozo sale de esta casa. Afecta a todo quien llega aquí.

No sientan que tienen que intentar ayudarles. Solo ámenlos, denles la bienvenida, báñenlos con amabilidad y con señales de amor, y serán ayudados.

El amor es Dios. Denles amor, y les darán a Dios. Luego dejen que Él haga su obra. Amen a todos, aun a los mendigos. No envíen a nadie fuera sin una palabra de aliento, sin la sensación de que les importan. Puedo haber puesto el impulso de venir aquí en el corazón desesperado de alguien. ¡Piensen cómo sería que me fallaran!

Además, no tienen opción. Me dijeron que era mi hogar. Lo usaré. Recuerden esto. No habría oscuros días de invierno si el amor estuviera en el corazón de todos mis hijos.

¡Oh! Hijos míos, ¿es que no sienten el gozo de conocerme, amarme y estar en mi compañía?

19 DE ABRIL

LA VIDA ES UNA HISTORIA DE AMOR

Me necesitan. Las necesito. Mi quebrantado mundo las necesita. Muchos corazones apenados las necesitan. Muchos corazones apenados se alegrarán a causa de ustedes, y se acercarán a mí por ustedes dos.

Salud... paz... gozo... paciencia, todos vienen del contacto conmigo.

¡Oh!, es un glorioso camino en ascenso, de descubrimientos maravillosos, de tiernas intimidades, de asombro casi incomprensible, de entendimiento. Ciertamente la vida cristiana —la vida conmigo— es una historia de amor. Déjenme todo a mí.

Todo lo que hayan perdido lo encontrarán en mí, el Amante del Alma, el Amigo del Alma, Padre y Madre, Camarada y Hermano. Pónganme a prueba.

No pueden pedirme demasiado, ni exigir demasiado de mi amor y paciencia.

Pidan, pidan, pidan, sanidad, poder, gozo. Den lo que quieran.

20 DE ABRIL

AGONÍA DEL CORAZÓN

Hay una cruz en el Calvario donde Uno está clavado solo, sin que ni siquiera sus más cercanos y amados le atiendan.

Pero junto a esa cruz hay otra, y a mis amados les digo poco de ella; allí estoy, nuevamente colgado junto a cada uno en las horas de la agonía del corazón

¿Han pensado en el gozo que la paciente, gentil y amorosa obediencia de mis discípulos trae a mi corazón? No conozco gozo tal como el gozo siento en la amorosa confianza de alguien que amo.

Las heridas de mis manos y pies duelen poco comparadas con las heridas en el corazón, que son heridas no de mis enemigos, sino de mis amigos.

Pocas dudas, pocos miedos, pocos malos entendidos. Son las tiernas cositas de cada día las que alegran mi corazón. Yo que les hablo soy Él... su Maestro.

21 de abril

Conquistarán

Conquistarán. No teman a los cambios. Jamás pueden temer a los cambios cuando yo, su Señor, no cambio. Jesucristo es el mismo ayer, hoy y siempre. Yo estoy junto a ustedes. La firmeza y la inmutabilidad vendrán a ustedes también al vivir en mí. Reposen en mí.

Como respirar de forma correcta pasa de ser una cuestión de práctica a convertirse en un hábito inconsciente, pero que se hace bien, así, si practican regularmente esto de venir a mi presencia cuando apenas sientan una inquietud que disturba su perfecta calma y armonía, esto también se convertirá en un hábito, y lograrán vivir en esa perfecta conciencia de mi presencia, y la perfecta calma y la armonía serán suyas.

La vida es una escuela de entrenamiento. Recuerden, solo el alumno que ofrece una gran promesa de un buen trabajo futuro será elegido por el Maestro para recibir disciplina, enseñanza y entrenamiento.

Ambas están pidiendo no ser como tantos cientos de mis seguidores, como tantos miles de ellos, sino ser como quienes me reflejan en todo lo que dicen, hacen y son. Así, mis queridas hijas, tomen este entrenamiento no como algo severo sino como la tierna y amorosa respuesta a su petición.

La vida nunca puede volver a ser igual para ninguna de las dos. Una vez que han bebido del vino de mi dádiva, la vida eterna, todo intento de la tierra por calmar su sed será en vano.

22 DE ABRIL

No se quejen... rían

Confíen en mí. Hagan en todo momento lo que yo digo, y de veras todo estará bien. Sigan mis mandamientos: divino control, obediencia incuestionable... son las únicas condiciones necesarias para que la provisión para sus necesidades y las de los demás sea amplia.

Las tareas que les doy quizá no parezcan tener relación con la provisión. Los mandamientos son míos, la provisión es mía y yo pongo mis condiciones, diferentes en cada caso... pero adaptadas a la necesidad individual de cada uno de mis discípulos.

No teman, avancen. Gozo... el radiante gozo ha de ser de ustedes. Cambien toda desilusión, aun momentánea, en gozo. Cambien toda queja en risa.

Reposo... amor... gozo... paz... trabajo, y los más poderosos entre estos son el amor y el gozo.

23 DE ABRIL

Demasiado hablar

Están destinadas a más guía en tanto vivan cada vez más conmigo. No hay duda de eso.

Sin embargo, *estos* tiempos no son tiempos en que piden que se les muestre y guíe, sino tiempos de sentir y conocer mi presencia. ¿Le pide la rama continuamente a la vid que le provea de savia y que le muestre hacia dónde ha de crecer? No. Esto viene naturalmente de su unión con la vid, y yo digo: «Yo soy la vid, vosotros los pámpanos». Así, hijas mías, la unión conmigo es su mayor necesidad. Todo lo demás viene naturalmente, y la unión conmigo puede ser resultado tan solo de una conciencia de mi presencia. No estén demasiado listas a hablar a los demás.

Oren siempre porque la necesidad sea aparente, si han de hacerlo, y porque la guía sea muy clara. Mi Espíritu ha sido echado fuera por las palabras de los hombres.

Desalienten el hablar demasiado. Las obras viven y resuenan a lo largo de las eras... las palabras mueren. Como dijo Pablo: «Si yo hablase lenguas humanas y angélicas, y no tengo amor, vengo a ser como metal que resuena, o címbalo que retiñe. Y si tuviese profecía ... y no tengo amor, nada soy».

Recuerden que hablo al corazón humano, pero rara vez con palabras. El hombre me verá en mis obras, realizadas a través de ustedes.

24 DE ABRIL

VOY DELANTE

No pueden perecer jamás, hijos míos, porque dentro de ustedes está la Vida de la Vida. La Vida que durante eras ha guardado a mis siervos, en el peligro, en la adversidad, en la pena.

Una vez nacidos del espíritu *ese* es su aliento de vida. Jamás han de dudar, ni preocuparse, sino que paso a paso caminarán el camino hacia la libertad. Vean que caminen conmigo.

Esto significa que no habrá ansiedad ni preocupación, pero *no* quiere decir que no habrá esfuerzo. Cuando mis discípulos me dijeron que habían trabajado toda la noche sin pescar nada, no llené la barca con peces sin esfuerzo de su parte. ¡No! Mi mandamiento se mantuvo: «Boga mar adentro, y echad vuestras redes para pescar». Sus vidas estuvieron en peligro, el barco casi se hunde, debieron llamar a sus compañeros para que les ayudaran, y debieron remendar las redes rotas. Todos estos problemas quizá les hicieran creer que mi ayuda no era para ellos. Y sin embargo, mientras remendaban las redes en la orilla, podían ver mi cuidado, mi amor.

El hombre que llega a la cima de la montaña ayudado por un tren o un auto no ha aprendido la lección del que escala. Recuerden que esto no significa que no habrá guía, no significa que mi Espíritu no proveerá sabiduría y fuerza. ¡Cuán a menudo, aunque no lo sepan, voy delante de ustedes para preparar el camino, para ablandar un corazón, para vencer!

25 de abril

Bendigan a sus enemigos

Digan a menudo: «Dios te bendiga...» a quienes se encuentran en desarmonía con ustedes, a aquellos que deseen ayudar. Díganlo queriendo que se derramen sobre ellos lluvias de bendiciones, gozo y éxito.

Déjenme la corrección y el entrenamiento necesarios; ustedes solo han de desearles gozo y bendición. En el presente, sus oraciones son un pedido de corrección y enseñanza para ellos.

¡Oh!, si mis hijos dejaran que yo hiciera mi obra y se ocuparan de la tarea que les doy. Amor, amor, amor. El amor quebrará todas sus dificultades. El amor construirá todos sus éxitos.

Dios, el Destructor del mal, Dios, el Creador del bien... es amor. Amarse los unos a los otros implica usar a Dios en sus vidas. Usar a Dios en sus vidas implica manifestar toda armonía, belleza, gozo y felicidad.

26 DE ABRIL

Yo proveo las oportunidades

Nunca duden. No teman. Vean el más débil temblor sin miedo, y detengan toda tarea, todo, y descansen ante mí hasta que estén nuevamente gozosos y fuertes.

Hagan lo mismo con todos los sentimientos de cansancio. Yo también me cansaba cuando estaba en la tierra, y me apartaba de mis discípulos para sentarme a descansar junto al pozo. Descansando... y allí fue que ayudé a la mujer samaritana.

Tenía que enseñar renovación del Espíritu... obligado descanso del cuerpo para mis discípulos. Entonces, como ejemplo para ustedes, apoyé mi cabeza en una almohada y dormí en la barca. No fue indiferencia, como creyeron ellos. Gritaron: «¡Señor, sálvanos, que perecemos!», y tuve que enseñarles que la actividad incesante no formaba parte del plan de mi Padre.

Cuando Pablo dijo: «Todo lo puedo en Cristo que me fortalece», no quiso decir que haría todo y luego me buscaría para encontrar fuerza. Quiso decir que para todo lo que *yo* le indicara hacer, podía confiar en que le daría fuerzas.

Mi obra en el mundo ha sido impedida por el trabajo, el trabajo, el trabajo. Muchos cuerpos nerviosos e incansables han echado al Espíritu tantas veces. El Espíritu ha de ser siempre el amo, y usar simple y naturalmente al cuerpo según surja la necesidad. Descansen en mí.

No busquen trabajar para mí. Nunca intenten crear oportunidades. Vivan conmigo y para mí. Yo hago el trabajo, y yo proveo las oportunidades.

27 DE ABRIL

VER A CRISTO

Estoy junto a ustedes. ¿Es que no sienten mi presencia? El contacto conmigo no se obtiene a través de los sentidos. La conciencia del Espíritu reemplaza a la vista.

Cuando el hombre me ve con vista humana no significa que necesite mayor percepción espiritual. *No, sino que para esa alma tengo que cubrir lo físico y lo espiritual con una visión espiritual clara al ojo humano.*

Recuerden esto para alegrar a mis discípulos que jamás me han visto, y que sin embargo han tenido clara conciencia espiritual de mí.

28 DE ABRIL

UN ATAJO

Por espinales, por desiertos, por pantanos, por cimas de montañas, por valles, yo lidero. Y siempre con el liderazgo va la mano auxiliadora.

Es glorioso seguir a tu maestro allí adonde vaya. Pero recuerden que el camino variado no siempre significa que *ustedes* necesiten entrenamiento variado.

Estamos buscando ovejas perdidas; estamos trayendo el Reino a lugares en donde nunca antes se conoció. Así que, sepan que están unidas a mí en mi gesta, mi incansable gesta, buscando almas.

No elijo caminos que cansen e inquieten... solo para cansar e inquietar; salimos a salvar. *Ustedes* no siempre verán al alma que buscamos. Yo lo sé.

29 DE ABRIL

FALTA DE ARMONÍA

Busquen y encontrarán. Encontrarán ese conocimiento interno que hace que los problemas de la vida se vean sencillos.

Las dificultades de la vida son causadas por la falta de armonía en la persona. No hay discordia en mi Reino, solo algo aun no conquistado en mis discípulos. La regla de mi Reino es el orden perfecto, la perfecta armonía, la perfecta provisión, el perfecto amor, la perfecta sinceridad, la perfecta obediencia... todo poder, toda conquista, todo éxito.

Sin embargo, muchas veces a mis siervos les falta poder, conquista, éxito, provisión, armonía y creen que no cumplo mis promesas porque estas no se manifiestan en sus vidas.

Estas son solo manifestaciones externas que resultan de la obediencia, la sinceridad, el orden y el amor... y vienen, no en respuesta a la oración urgente, sino de forma natural, como proviene la luz de una vela encendida.

30 DE ABRIL

PRIMAVERA

Regocíjense en la primavera del año. Que haya primavera en sus corazones. El tiempo pleno del fruto todavía no ha llegado, pero está la promesa del capullo.

Sepan con seguridad que sus vidas están llenas de alegre promesa. Dichas bendiciones han de ser de ustedes. Tanto gozo, tanta maravilla.

Todo está bien, de veras. Vivan en mi sol, en mi amor.

1 DE MAYO

La demora no es negación

Lean las lecciones del control divino en las leyes de la naturaleza. La naturaleza es la expresión del Pensamiento Eterno en el tiempo. Estudien la forma exterior... comprendan el Pensamiento Eterno, y si pueden leer los pensamientos de Padre, entonces es que le conocen de veras.

No me dejen afuera de nada. Amen todos mis caminos con ustedes. Sepan que de veras: «Todo está bien». La demora es solo la maravillosa y amorosa mano del Padre que espera —no es reticencia ni deseo de negar— sino el control divino de un Padre que no puede casi esperar.

La demora a veces ha de ocurrir. Sus vidas están tan ligadas a las de otros, tan vinculadas por las circunstancias, que hacer que sus deseos tuvieran cumplimiento instantáneo quizás provocaría que en muchos casos la oración sincera de otra persona quedara sin respuesta.

Pero piensen por un momento en el amor y el cuidado con los que busco armonizar y reconciliar todos sus deseos, sus anhelos y oraciones.

La demora no es negación, y ni siquiera reticencia. Es la oportunidad para que Dios solucione sus problemas y cumpla sus deseos de la manera más maravillosa para ustedes. ¡Oh!, niños, confíen en mí. Recuerden que su Hacedor es también su Siervo, rápido para cumplir, presto para alcanzar, fiel en sus logros. Sí. Todo está bien.

2 DE MAYO

ALMAS QUE SONRÍEN

Para conquistar circunstancias adversas, conquístense a sí mismos. La respuesta al deseo de mis discípulos de seguirme fue: «Sed, pues, vosotros perfectos, como vuestro Padre que está en los cielos es perfecto».

Para lograr mucho sean mucho. En todos los casos que hay algo que *hacer*, para que esté bien hecho, esto debe de ser una mera e inconsciente expresión del *ser*.

No teman, no teman, todo está bien. Que el día se llene de pequeñas oraciones a mí, pequeños giros hacia mí. Las sonrisas del alma para quien esta ama.

Los hombres llaman al Padre, la Primera Causa. ¡Sí! Véanle como Primera Causa de cada rayo tibio, de cada color en el atardecer, de cada destello sobre el agua, de cada flor hermosa, de cada placer planeado.

3 DE MAYO

MATEN AL EGO AHORA

Destronen al ego... esa es la lección, pero en su lugar, pongan el amor por mí, el conocimiento de mí.

El ego no solo debe ser destronado, sino muerto. Un ego muerto no está en prisión. Un ego en prisión tiene más poder para dañar. En todo entrenamiento (en el mío hacia ustedes, y en el de ustedes a otros), hagan que el ego muera.

Por cada golpe a la vida del ego deben al mismo tiempo abrazar y aferrarse a la nueva vida, la vida conmigo.

Y ahora puedo hacerles ver con mayor claridad lo que digo del perdón de las ofensas. Es uno de mis mandamientos que busquen mi perdón, así que han de perdonar. Sin embargo, lo que no ven es que ustedes, el ego en ustedes, no puede jamás perdonar las ofensas. El solo pensar en ellas significa que primero está el ego, y entonces la ofensa, en lugar de verse menor, se ve mayor.

No, hijos míos, como todo lo que es sincero amor es *de* Dios, y es Dios, así todo perdón sincero es de Dios y es Dios. El ego no puede perdonar. Maten al ego.

Dejen de intentar perdonar a los que les han ofendido o inquietado. Es un error pensar en ello. Busquen matar el ego ahora, en su vida cotidiana, y entonces —solo entonces— encontrarán que no hay nada que siquiera recuerde la ofensa, porque el único ofendido, el ego, ha muerto.

Mientras esto vuelva a surgir a la mente, se están engañando si creen que han perdonado.

4 DE MAYO

Compartan conmigo

Deléitense en mi amor. Intenten vivir la pasión del Reino. Reclamen grandes cosas. Reclamen cosas grandiosas. Reclamen gozo y paz y libertad de la preocupación. Gozo en mí.

Yo soy su Señor, su Creador, Recuerden también que soy el mismo ayer, hoy y siempre. Su Creador, cuando mi pensamiento sobre el mundo lo hizo existir... su Creador también hoy, cuando puedo, a través de pensamientos amorosos sobre ustedes, hacer existir todo lo que necesitan en el plano material.

Gozo en mí, confianza en mí, compartan toda la vida conmigo, véanme en todo, regocíjense en mí. Compartan todo conmigo, como el niño comparte su dolor, sus heridas, sus penas y tesoros recién encontrados, y sus alegrías y afanes con su madre.

Y denme el gozo de compartir todo con ustedes.

5 DE MAYO

DÉJENME ELEGIR

Mis amados. Sí, con el corazón, no con la cabeza, los hombres han de pensar en mí, y entonces la adoración sería cosa de instinto.

Respiren en mi Espíritu el aire puro y el ferviente deseo.

Mantengan el ojo de su espíritu siempre en mí, la ventana de su alma abierta a mí. Siempre han de saber que todas las cosas son suyas... me deleito en darles todo lo hermoso.

Vacíen su mente de todo lo que limita. Lo que sea hermoso podrán tenerlo. Cada vez, déjenme elegir a mí, más y más. No lo lamentarán jamás.

6 DE MAYO

SUBLIME AUDACIA

El camino es largo y agotador. Este es un mundo cansado. Muchos hoy están cansados. «Venid a mí ... y yo os haré descansar».

Mis hijos, que se reúnen bajo mi bandera, han de ver que en ella están inscriptas las palabras: «Hijo del Hombre».

Lo que el mundo sienta, debo sentirlo yo... el Hijo del Hombre. Son mis seguidores, así que el cansancio del hombre hoy ha de compartirse con ustedes... los cansados y trabajados han de venir a *ustedes* y encontrar ese descanso que vosotros encontrasteis en mí.

Hijos míos, mis seguidores han de disponerse no a sentarse a mi derecha o a mi izquierda, sino a beber de mi copa.

Pobre mundo, enséñenle que hay una sola cura para todos sus males, la unión conmigo. Atrévanse a sufrir, atrévanse a conquistar; llénense con mi sublime audacia. Recuerden eso. Reclamen lo irreclamable.

Lo que el mundo creería imposible, siempre puede ser de ustedes. Recuerden, hijos míos, sublime audacia.

7 DE MAYO

EN CONTRA DE LA MAREA

El remero, confiando en mí, no se apoya en sus remos y se deja llevar por la marea, confiando en la corriente.

Sin embargo, más son las veces —una vez que les he mostrado el camino— en que será contra la corriente y la marea que deberán dirigir todos sus esfuerzos. Y aun cuando vengan las dificultades, será con su esfuerzo que las vencerán. No obstante siempre la fuerza y el gozo en el hacer podrán tenerlos a través de mí.

Mis pescadores-discípulos no encontraron los peces en la orilla, yaciendo ya en sus redes. Yo tomo el esfuerzo del hombre y lo bendigo. Yo necesito el esfuerzo del hombre, él necesita de mi bendición. Esta sociedad es lo que implica el éxito.

8 DE MAYO

EL DESCANSO DE DIOS

Yo los guío. El camino es claro. Avancen sin miedo. Estoy con ustedes. Escuchen, escuchen, escuchen mi voz. Mi mano está controlándolo todo.

Recuerden que puedo obrar mejor a través de ustedes cuando están descansados. Vayan muy despacio, muy calladamente de una tarea a la otra, tomando tiempo para descansar y orar entre una cosa y la que sigue.

No se ocupen demasiado. Tomen todo en orden como les digo. El descanso de Dios está en un plano más allá de todas las actividades del hombre. Aventúrense allí a menudo, y de veras encontrarán paz y gozo.

Todo trabajo que resulte de descansar con Dios es milagro. Reclamen el poder de hacer milagros, ambas.

Sepan que pueden hacerlo todo en Cristo que las fortalece. Más aun, sepan que todo lo pueden en Cristo, que las descansa.

9 de mayo

Armonía interior

Sigan mi guía. Teman aventurarse por sus propios medios, como el niño teme alejarse de su madre. Duden de su propia sabiduría, y su confianza en mí les enseñará la humildad.

La humildad no es empequeñecer al ego. Es olvidar el ego. Más aun, es olvidar el ego porque me recuerdan.

No han de esperar vivir en un mundo donde todo sea armonía. No han de esperar vivir donde todos estén de acuerdo con ustedes. Es su tarea mantener la paz en sus corazones en circunstancias adversas. La armonía siempre será de ustedes cuando se esfuercen por oír la música del cielo.

Duden siempre de su poder o sabiduría para arreglar las cosas; pídanme que lo arregle todo, así como me lo entregan, y sigan amando y riendo. Yo soy Sabiduría. Solo mi Sabiduría puede decidir, arreglar todo problema. Así que confíen en mí. Todo está bien.

10 DE MAYO

Calma... no velocidad

En quietud y en confianza será vuestra fortaleza.
Isaías 30:15

Toda agitación destruye el bien. Toda calma edifica el bien y al mismo tiempo derriba el mal.

Cuando el hombre quiere destruir al mal, casi siempre se apresura a actuar. Esto es un error. Primero estén en calma y sepan que yo soy Dios. Y luego actúen únicamente como yo les indico. Siempre en calma con Dios. La calma es la confianza en acción. Solo la confianza, la perfecta confianza, puede mantenerlos calmos.

Nunca teman a ninguna circunstancia, a ninguna dificultad que les ayude a cultivar esta calma. Así como el mundo para conseguir algo ha de aprender a ser veloz, ustedes para obtener algo han de aprender a estar en calma. Toda gran obra para mí primero se logra en el alma de cada obrero.

11 DE MAYO

El Divino Tercero

Cuando les haya guiado a través de estas tormentas habrá otras palabras para ustedes, otros mensajes, otra guía.

Tan profunda es su amistad y tan grande su deseo de amarme, seguirme y servirme, que pronto, cuando haya pasado este tiempo de dificultad, estar juntas a solas siempre significará estar encerradas conmigo.

Hay algunas amistades así en el mundo, y mientras estaba en la tierra, así como les enseñé a ambas, yo hablé del poder de cuando *dos están juntos*.

Y esta noche tengo más para decirles. Digo que se acerca el momento, que ya está aquí, en que quienes las visiten a ustedes dos juntas sabrán que yo soy el Divino Tercero en vuestra amistad.

12 DE MAYO

Excitación de la protección

Echen fuera todo pensamiento de duda y tribulación. Jamás los toleren ni siquiera por un segundo. Cierren las ventanas y puertas de sus almas para que no entren, como se cuidarían de un ladrón que viniera a robar sus tesoros.

¿Qué mayores tesoros pueden tener, más que la paz, el reposo y el gozo? Y todo esto es lo que roban la duda, el temor y la desesperanza.

Enfrenten cada día con amor y risas. Enfrenten la tormenta.

Gozo, paz, amor, mis grandes dones. Síganme para encontrar estas tres cosas. Quiero que sientan la excitación de la protección y la seguridad ahora. Cualquier alma puede sentir esto en un puerto, pero el gozo y la victoria reales vienen solo a quienes lo sienten en medio de la tormenta.

Digan: «Todo está bien». No lo repitan como vana frase. Úsenla como bálsamo sanador en una herida, hasta que el veneno salga; luego, hasta que sane la herida; y también después, hasta que la excitación de la nueva vida inunde su ser. Todo está bien.

13 DE MAYO

Nunca juzguen

¡Que gran gozo viene después de la conquista del propio ser! No pueden conquistar y controlar a otros, ninguna de ustedes dos, hasta tanto se hayan conquistado a sí mismas por completo.

¿Pueden verse como absolutamente inmutables? Piensen en mí, ante los soldados que se burlaban, que me pegaban, que me escupía, y a quienes jamás dije una palabra... ni una sola palabra. Intenten ver eso como el poder divino. Recuerden que por el poder del perfecto silencio, del perfecto dominio propio, pueden probar por sí mismas su derecho a gobernar.

Nunca juzguen. El corazón del hombre es tan delicado, tan complejo, que solo su Creador puede conocerlo. Cada corazón es muy diferente, y está motivado por muchas cosas distintas y controlado por circunstancias bien disímiles, influenciado por sufrimientos muy variados.

¿Cómo podría uno juzgar a otro? Déjenme a mí el descubrimiento de las adivinanzas de la vida. Déjenme a mí la enseñanza del entendimiento. Tráiganme cada corazón, a mí, su Creador, y déjenlo conmigo. Seguras en la certeza de que yo puedo corregir todo mal.

14 DE MAYO

El amor de un amante

Recuerden que un Maestro amoroso se deleita en la intimidad de las cosas que exige, tanto como desea que sus seguidores y amigos se deleiten en la tierna intimidad de *sus* exigencias.

Solo como resultado de conversar frecuentemente conmigo, de orar mucho a mí, de escuchar y obedecer mis mandamientos, llega esa intimidad que hace que mis seguidores se atrevan a acercarse a mí como un amigo a otro amigo.

Entréguenme todo ante mi tierna insistencia, pero recuerden que yo también entrego cosas ante la de ustedes. No pidan solo las grandes cosas que les he dicho, sino también los pequeños y tiernos signos del amor. Recuerden que he venido como el gran amante del mundo. Jamás piensen que mi amor es solo tierna compasión y perdón. Es eso, sí, pero es también el amor de un Amante, que muestra su amor con incontables palabras y acciones, y por medio del tierno pensamiento.

Recuerden que Dios está también en cada uno de ustedes. Siempre le es dado al hombre ver en su semejante las aspiraciones y cualidades que él mismo posee. Así que solo yo, porque soy realmente Dios, puedo reconocer el Dios en el hombre. Recuerden esto también en su relación con los demás.

Sus motivos y aspiraciones solo pueden ser entendidos por quienes han logrado el mismo nivel espiritual. Así que no esperen en vano que otros les entiendan. No los juzguen mal por no poder hacerlo. Ustedes están hablando una lengua extranjera, desconocida para ellos.

15 DE MAYO

PRIMERO LO ESPIRITUAL

¿Qué les puedo decir? Sus corazones están rotos. Luego recuerden: «Él sana los corazones rotos». Solo sientan la ternura de mis manos cuando sano sus heridas.

Son muy privilegiadas, ustedes dos. Comparto mis planes y secretos con ustedes, y les hago conocer mis propósitos, en tanto otros andan a tientas.

Intenten reposar en estas palabras: «Mas buscad primeramente el reino de Dios y su justicia, y todas estas cosas os serán añadidas». Luego luchen y esfuércense, no por *ellos*, sino incansablemente por las cosas de mi reino.

Es tan extraño esto para ustedes, mortales, que piensan primero en lo material y luego llegan a crecer en el conocimiento de las cosas espirituales. No es así en mi Reino. Allí lo primero es lo espiritual, y luego lo material. Así que para lograr lo material redoblen sus esfuerzos por adquirir lo espiritual.

16 DE MAYO

OREN Y ALABEN

Me rogarán mucho, como yo lo deseo, porque sé que solo en la súplica sincera y en la confianza calmada que de ella resulta, puede el hombre aprender la fuerza y obtener la paz. Por eso he dicho que es deber de mis discípulos el ruego incesante y persistente.

Jamás se cansen de orar. Cuando un día el hombre vea de la forma maravillosa en que han sido respondidas sus oraciones, entonces lamentará profundamente —muy profundamente— el no haber orado más.

La oración lo cambia todo. La oración vuelve a crear. La oración es irresistible. Así que oren, literalmente, sin cesar.

Oren hasta que casi dejen de orar porque la confianza es tan sólida como la roca, y entonces oren porque esto se ha vuelto un hábito que no pueden dejar.

Y siempre oren hasta que la oración se funda con la alabanza. Esa es la única nota en la que debiera terminar la oración verdadera. Esta es el amor y la risa de su actitud hacia los hombres, interpretada en la oración y alabanza de su actitud hacia Dios.

17 DE MAYO

DE LA PENA AL GOZO

Llorar puede servir para una noche, pero el gozo vendrá en la mañana.

Los más valientes de los míos son quienes pueden anticipar la mañana y sentir en la noche de pena ese gozo subyacente que les habla de las expectativas de confianza en la mañana.

18 DE MAYO

NUEVO Y VITAL PODER

Mírenme, y sean salvos, hasta los confines de la tierra.

La salvación no fue por méritos, la promesa fue para todo quien mirara.

Mirar está por cierto en poder de todos. Una mirada basta. Entonces viene la Salvación.

Miren, y se salvarán de la desesperanza. Miren y se salvarán de la preocupación. Miren y se salvarán de la angustia. Miren y a ustedes llegará una paz que sobrepasa todo entendimiento, un poder nuevo y vital, y un gozo maravilloso de veras.

Miren, y sigan mirando. La duda vuela, el gozo reina, y la esperanza conquista.

La vida, la vida eterna, es de ustedes... revitalizadora, renovadora.

19 DE MAYO

Rescatados y guiados

Descansen sabiendo que todo está muy seguro en mis manos. Descansar es confiar. La actividad incesante es desconfianza. Sin el conocimiento de que estoy trabajando para ustedes, no descansan. La inacción entonces sería el resultado de la desesperanza.

Den la bienvenida al conocimiento, deléitense en él. Esta verdad es como una esperanza que se le lanza a un hombre que se ahoga. Cada repetición de esto es un tirón más hacia la orilla, la seguridad.

¡Que esta ilustración les enseñe una gran verdad! Aférrense a la verdad, órenla, afírmenla, sosténganse de la cuerda. ¡Cuán vanos son sus intentos por salvarse, con una mano en la cuerda y la otra esforzándose por nadar hasta la orilla! Dejen más bien de aferrarse a la cuerda, impidiendo que obre el Rescatador, el cual tiene que actuar con la mayor precaución para no perderlos.

Las tormentas y tempestades no son todo lo que hay en la vida. El salmista que dijo: «Todas tus ondas y tus olas han pasado sobre mí», señaló también: «Me hizo sacar del pozo de la desesperación, del lodo cenagoso; puso mis pies sobre peña, y enderezó mis pasos».

Mediten en esa maravilla, en verdad en los tres pasos: protección, seguridad y guía. (1) «Me hizo sacar del pozo de la desesperación»: *Protección*. (2) «Puso mis pies sobre peña»: *Seguridad*. (3) «Enderezó mis pasos»: *Guía*. La tercera etapa es la final, aquella en la que el alma salva confía en mí tan enteramente que ya no busca su propio camino, sino que deja todo plan futuro en mis manos, en las manos de su Rescatador.

20 DE MAYO

GÁNENME... GANEN A TODOS

Conquistarán. El espíritu de conquista jamás se derrumba. Tengan un corazón valiente y confiado. Enfrenten toda dificultad con un espíritu de conquista.

Elévense más alto de lo que jamás hayan llegado. Recuerden que donde yo estoy está la victoria. Las fuerzas del mal, dentro y fuera de ustedes, escapan ante mi presencia.

Gánenme a *mí*, y habrán ganado todo. *Todo*.

21 DE MAYO

ÉCHENLO A MIS PIES

Para verme, han de traerme sus preocupaciones y mostrarme su corazón confiado. Entonces, cuando dejen sus preocupaciones, se volverán concientes de mi presencia.

Esta conciencia en la que persisten trae como recompensa mi persona. En la niebla de la preocupación, nadie puede ver mi rostro. Es solo cuando la carga se echa a mis pies que pueden dar un paso hacia la conciencia y la vista espiritual.

Recuerden la obediencia, obediencia, obediencia... el camino estrecho y recto hacia el Reino.

No ha decirse de ustedes, aun en tierno y amoroso reproche: «¿Por qué me llaman: "Señor, Señor", y no hacen las cosas que les mando hacer?»

El carácter se cincela hacia la belleza mediante la disciplina diaria y los deberes de cada día. Porque, en muchas maneras, mis discípulos han de trabajar por su propia salvación, aunque esto no es posible sin mi fuerza y ayuda, y sin que conversen conmigo.

Y aun en la vida espiritual, el entrenamiento será diferente para espíritus diferentes. El hombre que preferiría vivir una vida de oración y meditación se encuentra en medio de los caminos más ocupados de la vida, y al hombre ocupado se le ordena que debe descansar y esperarme con paciencia. Oh gozo, oh descanso, y en los caminos ocupados estaremos siempre en paz.

22 DE MAYO

COMANDEN A SU SEÑOR

Señor, clamo por tu ayuda.

¡Sí! Clamen, constantemente clamen. Hay una confianza que espera mucho tiempo y una confianza que no soporta demora, que una vez convencida de que el curso es el correcto, una vez que está segura de la guía de Dios, dice con la persistencia de un niño: «*Ahora*». «No te tardes, oh, mi Dios».

Ya no son siervos sino amigos. Un amigo puede comandar a otro... puede saber que todo lo que el amigo, el amigo sincero, tiene es suyo por derecho. Esto no significa vivir holgazaneando a expensas de un amigo, sino reclamar los medios que este tiene: su nombre, su tiempo, sus pertenencias cuando las propias se acaban.

La amistad, la verdadera amistad, implica el derecho de apropiarse. Y en el servicio a Dios está la perfecta libertad. Ustedes son herederos de Dios... herederos conjuntos conmigo en la herencia. Compartimos la propiedad del Padre. Tienen el mismo derecho a usar y reclamar, el mismo derecho que tengo yo. Usen su derecho. El mendigo suplica. El hijo, la hija, se apropia.

Poco me extraña entonces ver a mis hijos sentados ante mi casa, suplicando y esperando. Y los hago permanecer allí hasta que se den cuenta de cuán tonta es su acción, de que lo único que tienen que hacer es entrar en su hogar y tomar.

Pero esta no puede ser la actitud de todos. Primero, es necesario que conozcan muy bien su condición de hijos.

23 DE MAYO

Pequeñas preocupaciones

Su falta de control no se debe a las *grandes* cargas, sino a que ustedes permiten que se acumulen las cargas, preocupaciones e inquietudes *pequeñas*.

Si algo los acosa, enfréntenlo y preséntenlo ante mí antes de hablar o reunirse con nadie, o antes de iniciar una nueva tarea.

Véanse más como cumplidores de mis encargos, volviendo enseguida a mí para decirme que el mensaje ha sido entregado, que la tarea ha sido cumplida.

Luego, sin sentimiento de responsabilidad con respecto al resultado (su única responsabilidad ha sido cumplir con el deber) vuelvan a salir, regocijándose porque todavía hay más que han de hacer por mí.

24 DE MAYO

Abundancia

¡El mundo sigue y sigue, sin ver! ¡Sin conocer sus dolores y tribulaciones, las batallas que han ganado, sus dificultades, sus conquistas!

Pero agradezcan ustedes dos que hay Quien sí lo sabe, Quien marca cada crisis, cada esfuerzo, cada pena.

Porque ustedes dos, que no son ociosas oyentes, han de saber que cada alma en pena que yo les menciono necesita de su ayuda. Han de ayudar a tantos como puedan. No ayudan lo suficiente. Al ayudar, la ayuda retornará y su círculo de ayuda se agrandará más y más cada vez.

Solo sientan que ustedes son dos de mis discípulos presenciando el momento en que alimento a cinco mil, que les entrego a ustedes la comida para repartir, y que siempre hay más, más y más. Siempre pueden decir con tan pocas hogazas y pescados: «Solo nos alcanza para nuestras necesidades». Pero no fue solo mi bendición, sino la distribución que hicieron los discípulos lo que obró el milagro.

Sientan que quieren dar abundantemente. Todos «se saciaron». Y aun sobró.

Doy con gran mano y corazón. Observen la pesca milagrosa. La red se rompió; el barco casi se hunde con la abundancia de mi don. Pierdan de vista toda limitación.

La abundancia es provisión de Dios. Quiten todo pensamiento limitado. Reciban *lluvia*, y a su vez, *lluevan* también.

25 DE MAYO

LOGREN CUALQUIER COSA

No habrá límite a lo que puedan lograr. Sepan esto. Jamás renuncien a ninguna tarea, ni dejen de pensar en ninguna tarea porque les parece que es demasiado para ustedes, solo hagan tal cosa si ven que no es mi voluntad para ustedes. Esto les mando.

Piensen en el grano, diminuto sobre el suelo duro. No hay certeza siquiera de que cuando haya hecho el esfuerzo de germinar, el sol y el calor le saluden.

Ha de parecerle una tarea imposible. Pero la urgencia interior de la vida dentro de la semilla le impulsa, y cumple con su tarea. El Reino de los cielos es también así.

26 DE MAYO

RECLAMEN MÁS

Están haciendo lo que les dije, reclamando, y pronto verán el resultado. No pueden hacerlo demasiado tiempo sin ver el efecto en lo material. Es una ley ineludible.

Ahora son niños que practican una nueva lección. Practiquen, practiquen, pronto podrán hacerlo naturalmente.

Ven a otros demostrando mi poder de forma consciente, manifestándolo tan fácilmente. Pero no han visto la disciplina que antecedió. Disciplina absolutamente necesaria antes de que pueda darles este poder a mis discípulos. Este es una iniciación posterior.

Están sintiendo que han aprendido mucho, que la vida no puede ser un fracaso. Eso está bien, pero otros han de esperar a ver la manifestación externa en sus vidas, antes de saber esta verdad espiritual.

27 DE MAYO

RAÍCES Y FRUTOS

Recuerden la lección de la *semilla* también, mientras germina y hace que su raíz se afiance, al mismo tiempo que echa un tallo que será la planta y la flor que alegrarán al mundo.

Ambos crecimientos son necesarios. Sin la raíz fuerte pronto marchitaría, así como la mucha actividad fracasa por falta de crecimiento en mí. Cuanto más alto crece, tanto más profundo ha de ir la raíz.

Muchos olvidan esto, y por eso su labor deja de ser permanente para mí. Cuídense de las hojas y flores que no tienen raíz fuerte.

28 DE MAYO

PRUEBEN SU AMOR

Un gran amor sabe que en cada dificultad, cada prueba, cada fracaso, la presencia del ser amado alcanza. Prueben su amor por mí en esto.

¿Solo el estar conmigo, solo el saber que yo estoy con ustedes, les trae esto gozo y paz? Si no es así, entonces su amor por mí, y su conciencia de mi amor, están fallando.

Si tal cosa ocurre, oren por más amor.

29 DE MAYO

OLVIDEN

No lamenten nada. Ni siquiera los pecados y defectos. Cuando un hombre mira las maravillas de la tierra desde la cima de una montaña no pierde el tiempo pensando en las piedras, los tropiezos, los desmayos o fracasos que hubo mientras escalaba.

Así ocurre con ustedes. Inspiren las ricas bendiciones de cada nuevo día... olviden lo que ha quedado atrás.

El hombre está hecho para poder cargar el peso de veinticuatro horas, no más. Si carga con el peso de los años pasados y los días por venir, su espalda se rompe. He prometido ayudarles con la carga de hoy solamente, el pasado lo he quitado de encima de ustedes, y si deciden —tontos corazones— volver a levantar ese peso y cargarlo, entonces de hecho están burlándose de mí si esperan que les ayude a llevarlo.

Porque cada día termina, para bien o para mal. Lo que queda por vivir, las veinticuatro horas venideras, han de enfrentarlas cuando despierten.

Un hombre que marcha en la tierra solo lleva lo necesario para esa marcha. ¿Les apenaría ver que lleva también el peso insoportable de los zapatos y uniformes gastados en sus marchas de años anteriores? Y en la vida espiritual y mental, es esto lo que hace el hombre.

No me extraña que mi pobre mundo esté cansado, apenado. No es así como han de actuar ustedes.

30 DE MAYO

CAMPANADAS FUNERARIAS DEL DIABLO

Señor nuestro, te alabamos.

La alabanza es la campanada del funeral del diablo. La resignación, la aceptación de mi voluntad, la obediencia a ella, no tienen el poder de erradicar el mal como lo tiene la alabanza.

El corazón gozoso es mi mejor arma contra todo mal. ¡Oh! Oren y alaben.

Están aprendiendo su lección. Están siendo guiadas a un lugar grande. Vayan con cantos de regocijo. Regocíjense por siempre. Felices en verdad si cada día tiene su excitación de gozo.

Háblenme más durante el día. Busquen en mi rostro la mirada de amor, la sensación de seguridad, la excitación del gozo al sentir la cercanía de mi presencia, estas son sus mejores oraciones.

Que esto alivie la tarea del día, y entonces el miedo se irá, y el miedo es la oscura figura que ahuyenta al éxito.

31 DE MAYO

ORACIÓN SIN PALABRAS

Señor, óyenos, oramos.

Escuchen y yo respondo. Pasen mucho tiempo en oración. Hay oraciones de muchas clases, pero sea cual fuere su tipo, la oración es la vinculación del alma, la mente y el corazón a Dios.

De modo que aunque esta sea solo un vitazo de fe, una mirada o palabra de amor, o de confianza, y no se exprese la súplica, es natural que la provisión y todo lo necesario vengan de seguro por añadidura.

Porque el alma ligada a Dios, unida a Él, recibe en y por Él todas las cosas. Y el alma, cuando está en forma humana, necesita también las cosas que pertenecen a su habitación.

1 DE JUNIO

COMPAÑERISMO

El camino de la transformación del alma es el camino del Compañerismo Divino.

No tanto el pedirme que haga esto o aquello para ustedes, sino el vivir conmigo, el pensar en mí, el hablarme... de este modo se volverán como yo.

Ámenme. Descansen en mí.

Gócense en mí.

2 DE JUNIO

MI IMAGEN

Mi Señor y mi Dios, te alabamos, te bendecimos, te adoramos.
Haznos como tú.

Están dispuestas a beber de la copa de la que yo bebo... el vino de la pena y la desilusión.

Son mías, y ambas crecerán hasta ser más y más como yo, su Maestro.

Verdad es hoy como lo fue en los días de Moisés que no hay hombre que pueda ver mi rostro y vivir.

El ego, el hombre original, se encoge y muere, y en el alma se imprime mi imagen.

3 DE JUNIO

ECHEN AL PECADO CON AMOR

Nuestro Señor, te amamos y alabamos. Eres nuestro gozo
y nuestra recompensa excesiva.

Recuerden que el amor es el poder que transforma al mundo. Amor no solo a mí, amor no solo a unos pocos seres queridos, sino amor a todos: los publicanos, los pecadores, las prostitutas. Amor.

Esta es la única arma con la que puede echarse al pecado. Echen al pecado con *amor*.

Echen al miedo, la depresión, la desesperanza y la sensación de fracaso con alabanza.

La alabanza es el reconocimiento de lo que les he enviado. Pocos hombres enviarían un don de pago mayor hasta tanto no hubieran recibido reconocimiento por el que fue dado previamente. Así que la alabanza, el reconocimiento, hace que mi don y bendición me abra el camino para derramar sobre el corazón agradecido todavía más.

Aprendan como un niño a decir «gracias» por cortesía, quizá sin un sentido real de la gratitud. Hagan esto hasta que al fin la excitación del gozo, el respeto de la gratitud, acompañen a la palabra hablada.

No esperen para ustedes sentimientos que saben que otros tienen o han tenido. Solo avancen en el árido camino de la obediencia y la persistencia será recompensada cuando se acerquen al Manantial, al feliz Manantial de Agua.

Oh, gócense en mí, y tanto como puedan, derramen gozo a su alrededor.

4 DE JUNIO

Divina paciencia

Moldear, hijos míos, significa cortar, cincelar. Significa sacrificio de lo personal para conformarse a un modelo. No es solo mi obra sino la de ustedes.

Es el reconocimiento súbito de lo egoísta en sus deseos y motivos, acciones, palabras y pensamientos, y el instantáneo pedido a mí para que les ayude a erradicar eso.

Es una obra que requiere de cooperación... mía y de ustedes. Es una obra que trae una gran sensación de fracaso y desaliento también, a veces, porque a medida que avanza la obra, verán cada vez con más claridad todo lo que aún queda por hacer.

Defectos que apenas habían reconocido o por los que al menos no sentían pena, ahora les causarán tribulación y desmayo.

Coraje. En sí mismo, el coraje es señal de progreso.

Al ver el lento progreso hacia arriba que han hecho ustedes, a pesar de su anhelo y esfuerzo, obtendrán una paciencia divina para con aquellos cuyas imperfecciones les causan molestia.

Sigan, sigan subiendo. Avancen. Paciencia —perseverancia— esfuerzo. Recuerden que estoy junto a ustedes, su Capitán, su Auxilio. Tan tierno, tan paciente, tan fuerte.

Sí, cooperamos y al compartir sus problemas, fracasos, dificultades y penas, así, como amigos míos, compartirán mi paciencia y fuerza... amados.

5 DE JUNIO

ESA TIERNA VOZ

Hablo muy suavemente. Escuchen mi voz. Jamás presten atención a las voces del mundo... solo a la tierna Voz Divina.

Escuchen y jamás sentirán decepción. Escuchen, y los pensamientos de ansiedad, y los nervios cansados descansarán. La Voz Divina... no tanto en fuerza como en ternura. No tanto en poder como en reposo.

La ternura y el reposo sanarán sus heridas y las fortalecerán, y entonces será su tarea hacer que todo su poder sea mi poder. El pequeño poder del hombre es como arcilla junto a la roca de granito de mi poder.

Ustedes son mi gran interés. Jamás se sientan a merced del mundo, mis ángeles les guardan día y noche, y nada puede dañarles. Me agradecerían de veras si supieran cuántos dardos de preocupación y maldad detienen ellos para que no lleguen a ustedes.

Agradézcanme de veras por los peligros desconocidos —que no han visto— y que les han sido evitados.

6 DE JUNIO

CÓMO ME VEN LOS HOMBRES

Vine a ayudar a un mundo. Y según las variadas necesidades de cada uno me verá cada hombre.

No es necesario que ustedes me vean como otros me ven... el mundo, aun la Iglesia, mis discípulos, mis seguidores. Sin embargo, sí es necesario que me vean, cada uno de ustedes, como Proveedor de todo lo que necesitan personalmente.

El débil necesita de mi fuerza. El fuerte necesita de mi ternura. El tentado y caído necesita de mi salvación. El recto necesita de mi compasión por los pecadores. El solitario necesita un amigo. El guerrero necesita un líder.

No hay *hombre* que pudiera ser todo esto para otros hombres... solo un Dios podría serlo. En cada una de estas relaciones mías con el hombre han de ver a Dios. El Dios-Amigo, el Dios-Líder, el Dios-Salvador.

7 DE JUNIO

VERDADERA BELLEZA

Inclinad vuestro oído, y venid a mí; oíd, y vivirá vuestra alma.
ISAÍAS 55:3

No solo vivan, sino crezcan en gracia y poder y belleza... la verdadera belleza, belleza de santidad.

Siempre busquen las cosas de mi Reino. En el mundo animal, la misma forma del animal cambia para que pueda obtener aquello que le brinda deleite al comerlo. Así, buscando los tesoros de mi Reino toda su naturaleza cambiará, para que puedan disfrutar y recibir mejor las maravillas de ese Reino.

Permanezcan en estas verdades.

8 DE JUNIO

EL ÚNICO CAMINO

A lo largo de las eras solo mi poder ha mantenido a millones de almas valientes, sinceras y fuertes, almas que de otro modo habrían caído.

La fe ha sido mantenida, pasada de generación en generación, no por los que vivían en comodidad, sino por lo que lucharon, sufrieron y murieron por mí.

Esta vida no es para el cuerpo sino para el alma, y el hombre elige demasiadas veces el camino de la vida que mejor le sienta al cuerpo. No el camino que mejor le sienta al alma. Y yo permito solo lo que mejor le sienta al alma.

Acepten esto, y como resultado vendrá un maravilloso modelado. Rechácenlo y mi propósito se verá frustrado, sus mejores oraciones no serán respondidas, el progreso (espiritual) se demorará, y la pena y la tribulación se acumulará sobre ustedes.

Intente, cada uno, ver su alma como un tercer ser entrenado por nosotros —ustedes y yo— y entonces compartirán y se regocijarán en el compartir, en la disciplina y el entrenamiento.

Apártense de su alma conmigo, y denle la bienvenida a este entrenamiento... regocíjense en el progreso.

9 DE JUNIO

CARRERA DE OBSTÁCULOS

Elévense por sobre sus miedos y fantasías, hasta mi gozo. Bastará para sanar todas sus heridas y dolores. Olviden toda sensación de fracaso o defecto, las dolorosas sacudidas y conmociones, y confíen en mí, ámenme, llámenme.

Su discipulado es una carrera de obstáculos. «Corred de tal manera que lo obtengáis». Obtener no solo los deseos de sus corazones, sino obtenerme a mí, el gozo y refugio de su alma

¿Qué pensarían del corredor que se tira al suelo llorando y protestando ante la primera valla en la carrera?

Sigan, avancen, suban. Soy su Líder y su meta.

10 DE JUNIO

EL DÍA DE LA TRIBULACIÓN

Ofrézcanme el sacrificio del agradecimiento y paguen
sus votos al Altísimo, y luego llámenme el día
de su tribulación y yo les liberaré.

Alabar, agradecer, y cumplir sus promesas (votos) a mí, es como si depositaran dinero en mi Banco, del cual en tiempo de necesidad pudieran retirar con confianza y certeza. Recuerden esto.

El mundo se maravilla cuando ve al hombre que puede retirar de forma inesperada grandes e insospechadas sumas de su banco cuando tiene necesidad, o cuando un amigo lo precisa, o para dar de caridad.

Pero el mundo no ha visto las incontables pequeñas sumas pagadas a ese banco, ganadas con el trabajo fiel en muchas maneras.

Así es en mi Reino. El mundo ve al hombre de fe efectuar un pedido repentino a mí, de mi provisión, y ¡oh! el pedido obtiene respuesta.

Así ocurre con ustedes, hijos míos. «Sacrifica a Dios alabanza, y paga tus votos al Altísimo, e invócame en el día de la angustia; te libraré, y tú me honrarás».

Esta es una promesa para los días aparentemente aburridos en que nada parece suceder, y es una alegría para ustedes, hijos míos. Cuando parecen no poder hacer grandes cosas, quizá estén acumulando sus pequeños actos y palabras de fidelidad en mi Gran Depósito, listos para el día en que llegue su gran demanda.

11 DE JUNIO

¡MI MARCA!

Oh, Señor, te agradecemos por tu gran don de paz.

Esa es la paz que solo yo puedo dar en medio de un mundo sin descanso, rodeado de tribulación y dificultad. Conocer esa paz es haber recibido el sello del Reino... la marca del Señor Jesucristo. Mi Marca.

Cuando han conocido esa paz, están listos para juzgar los valores verdaderos, los valores del Reino, y los valores que todo el mundo tiene para ofrecer.

Esa paz es la amorosa fe en reposo.

12 DE JUNIO

CASA SOBRE LA ROCA

Estén atentos a oír mi voz y a obedecer al instante. La obediencia es un gran signo de fe. «No todo el que me dice: Señor, Señor, entrará en el reino de los cielos», fue mi palabra cuando estuve en la tierra a los muchos que seguían y oían pero no hacían.

Comparé al hombre que oía y no hacía con el que construyó su casa en la arena. Cuando llega la tormenta y la tribulación, se desespera y se derrumba su casa.

Comparé al hombre que me obedecía implícitamente con el que construyó su casa en la roca. En tiempos de tormenta se mantiene firme, inmovible.

No sientan que con esto quiero decir que solo han de guardar mis mandamientos o vivir mi Sermón del Monte. Hablo de mucho más que esto a quienes me conocen íntimamente. Hablo de seguir, en todo, la Guía Interna que yo doy, las indicaciones pequeñas que hablo a cada alma en particular, el deseo que expreso... el deseo que han de cumplir.

La vida segura, firme, inamovible de mis discípulos, la casa sobre la roca, no se construye sobre un deseo en un momento, sino que piedra a piedra, cimientos, muros, techo, se van construyendo mediante actos de obediencia, mediante el seguimiento cotidiano de mis deseos, mediante el amoroso cumplimiento de mi voluntad.

Y es esa casa sobre la roca, hecha por el hombre pero inspirada de forma divina —la Casa de la Obediencia— la más sincera expresión de adoración de un discípulo... allí es donde vengo a vivir con aquel a quien amo.

13 DE JUNIO

Inspirado por Dios

Han comenzado a escalar una montaña. Es empinada, pero su poder para ayudar a otros será verdaderamente maravilloso.

No solo subirán ustedes. A todo aquel que ahora envíen pensamientos de amor y compasión, le será enviada ayuda a través de ustedes.

Si miran hacia mí, todos sus pensamientos serán inspirados por Dios. Actúen según estos pensamientos, y podrán seguir subiendo. No son sus propios impulsos sino los movimientos de mi Espíritu, que al ser obedecidos, traerán la respuesta a sus oraciones.

Amor y confianza. Que no haya pensamientos hostiles en sus corazones, y entonces podré actual con todo mi poder y mi Espíritu, y nada me lo impedirá.

14 DE JUNIO

Enfrenten el hoy conmigo

Nuestro Señor y nuestro Dios. Haz que seamos todo lo que tú quieres que seamos.

No son las circunstancias las que hay que alterar primero, sino a ustedes mismos. Y luego las condiciones cambiarán naturalmente. No ahorren esfuerzos para llegar a ser todo lo que yo quiero que sean. Sigan cada una de mis indicaciones. Soy su única Guía.

Esfuércense por apartar todo sentimiento de tribulación. Aprópiense de cada día, sin mirar atrás, enfrentando el problema diario conmigo, y busquen mi ayuda y guía sobre qué es lo que han de hacer.

Jamás miren atrás y nunca dejen para el día de mañana aquello sobre lo que pueden obtener mi Guía para realizarlo hoy.

15 DE JUNIO

LA GLORIA, LA GLORIA AMANECE

Estoy planificando para ustedes. Maravillosos son mis caminos, más allá de lo que puedan conocer.

¡Oh!, conozcan de mi abundancia y mi bondad, cada vez más. La maravilla de ser guiados por mí. La belleza de una vida que cuenta con una Guía.

Esto entrará en su conciencia más y más, y les traerá más y más gozo.

Están muy cerca del momento en que pedirán lo que quieran y será cumplido.

Han entrado en una era maravillosa... sus vidas han sido planificadas y bendecidas por mí, como nunca antes.

Están venciendo. Cuentan todas las cosas como pérdida si tan solo pueden ganarme a mí. Y las promesas a aquel que vence son verdaderamente maravillosas y siempre se cumplirán.

16 DE JUNIO

BÚSQUENME TEMPRANO

Caminen en mi camino y confíen en mí. No hay mal que pueda tocarles. Soy de ustedes, tan verdaderamente como ustedes son míos. Descansen en esa verdad.

Descansen, es decir, dejen de luchar. Tengan una confianza calmada y sólida en esa certeza. No solo descansen en mí cuando las luchas del mundo se muestran en demasía y con gran fuerza como para que puedan soportarlas o enfrentarlas por sí mismos. Descansen en mí cuando necesiten perfecto entendimiento, cuando necesiten la conciencia de una relación tierna y amorosa, y de la amistad.

El mundo, mi pobre mundo, corre a mí cuando sus dificultades son demasiado grandes para ser vencidas por otros caminos, olvidando, o sin darse cuenta jamás, de que si esos corazones me buscaran con la misma premura solo por la compañía y la amorosa relación, muchas de esas dificultades jamás surgirían.

Las circunstancias, la vida, el carácter se alterarían considerablemente... serían tan purificados, que esas mismas dificultades no existirían.

Búsquenme *temprano*, este el camino para encontrarme. *Temprano*, antes de que me echen fuera las dificultades, los problemas y los placeres de la vida.

17 DE JUNIO

Querido nombre

«Jesús». Menciona mi Nombre a menudo. Fue en mi Nombre que Pedro pidió al hombre cojo que caminara: «En el nombre de Jesus de Nazaret, levántate y anda».

«Jesús». El solo sonido de mi Nombre, con amor y ternura, aparta todo mal. Es la palabra ante la cual todas las huestes del mal huyen.

«Jesús». Mi Nombre es el llamado al Salvador que te rescata de la tentación.

«Jesús». El Nombre desvanece a la soledad... diluye el pesar.

«Jesús». Es el llamado por ayuda para conquistar tus fracasos. Te elevaré en lo alto porque has conocido mi Nombre.

¡Sí! Mi Nombre... «Jesús». Úsalo más. Úsalo con ternura. Úsalo en oración. Úsalo con poder.

18 DE JUNIO

Espera

El mundo siempre ha visto como actividad todo servicio a mí. Solo quienes están cerca de mí lo han visto como una vida aparte, de oración, que puede —y a menudo lo hace— lograr mucho más que todo el servicio que el hombre pueda ofrecerme.

Si viven aparte conmigo, y solo salen a servir cuando yo lo ordeno directamente, mi Espíritu puede operar más y lograr cosas verdaderamente poderosas.

19 DE JUNIO

EL ÉXITO QUE ANHELAN

Sigan el camino de la obediencia. Lleva al Trono de Dios. Su tesoro, sea el éxito necesario en el plano material que podrá hacer avanzar la obra de mi Reino, o las maravillas espirituales ocultas reveladas por mí solo a los que con diligencia me buscan, este tesoro, está al final del camino.

Tienen que continuar desde un punto (una promesa o mandamiento mío) al siguiente, hasta que finalmente alcancen el éxito que anhelan. Todo su trabajo por el momento es en el plano material, y lo espiritual es solo para ayudar a lo material. Cuando alcancen el objetivo material, entonces este solo les servirá para obtener lo espiritual.

20 DE JUNIO

MILAGROS OTRA VEZ

Esperen a oír mi voluntad y luego obedezcan. A toda costa obedezcan. No teman. Soy un muro de protección que les rodea. Vean esto. Verlo con los ojos de la fe es causar que se manifieste en lo material.

Recuerden que anhelo obrar milagros, como cuando los obré en la Tierra, pero sigue en pie la misma condición. No puedo hacer muchas obras poderosas a causa de la falta de fe.

Así que solo en respuesta a su fe es que puedo obrar milagros ahora.

21 DE JUNIO

VEAN COMO VEO YO

Oh, Señor, te alabamos. Bendícenos, te lo rogamos.

Te bendigo. Te prometo liberación. Gózate en mí. Estarás protegido de la tormenta.

Se han revelado milagros. Solo ven ante mí y permanece un rato en mi presencia... esto ha de fortalecerte y ayudarte.

Aprende de mí. El único camino para que tantos en mi pobre mundo puedan estar en calma, sanos de mente, es tener la mente que está en Jesucristo. La mente que está en mí.

Esta mente jamás la obtendrán por medio del razonamiento, ni de la lectura, sino solo viviendo conmigo y compartiendo mi vida.

Piensen mucho en mí. Hablen mucho de mí. Vean a los demás como yo los veo. Que no los satisfaga nada menos que eso.

22 DE JUNIO

SU MAR ROJO

Avancen sin miedo.

No piensen en el Mar Rojo que hay por delante.

Estén muy seguras de que cuando lleguen a él las aguas se separarán y pasarán hacia su tierra prometida de libertad.

23 DE JUNIO

AFÉRRENSE A MÍ

Aférrense a mí hasta que la vida que viene de mí, la Vida Divina, fluya por medio de ese contacto hacia su ser y reviva su espíritu cansado.

Recárguense. Cuando estén cansadas, hagan lo que yo hacía cuando estaba en la Tierra... *Siéntense junto al pozo. Descansen.*

Descansen y obtengan poder y fuerza, y la obra también vendrá a ustedes, como vino a mí.

Descansen hasta que haya desaparecido todo pensamiento de preocupación y luego dejen que la marea del amor y el gozo fluyan hacia su interior.

24 DE JUNIO

CUANDO LA GUÍA ES MÁS LENTA

Actúen según les indico. Cuando no tengan guía clara, avancen calladamente por el camino de la obligación que he puesto ante ustedes. Sin miedo, sin pánico, cumpliendo en silencio su obligación de cada día.

Esta actitud de fe recibirá su recompensa con tanta seguridad como la acción según mi guía directa.

Regocíjense en la sensación de seguridad que les pertenece.

25 DE JUNIO

La amistad de Dios

Soy su Amigo. El compañero de los polvorientos caminos de la vida.

A estos caminos les quito lo gris, el horror. Los transformo. Aun con las amistades terrenales, el camino común, el sendero polvoriento o empinado, puede parecer un camino al cielo si la presencia de un amigo humano amado lo transforma.

Que la calma del sábado envuelva sus mentes y corazones. Que sea un descanso de las preocupaciones y el ajetreo de la vida.

¿Alguna vez se han dado cuenta de la maravilla que puede haber en su amistad conmigo? ¿Han pensado lo que significa poder llamar a voluntad al Dios del Mundo?

Aun si se tratara de un visitante privilegiado de un rey de la tierra, habría antesalas y un horario para las citas que el rey manejaría según su voluntad.

Pero mis súbditos tienen derecho a entrar en mi presencia cuando quieran, y es más, pueden llamarme a su lado, a su lugar de trabajo, donde sea, y allí estaré.

Cuando los hombres buscan adorarme piensan en los mundos que gobierno, en la creación, en la ley y el orden, y entonces sienten el respeto y temor que precede a la adoración.

A ustedes les digo, sientan respeto y temor, sientan el deseo de adorarme en maravillado asombro. Sin embargo, piensen también en la humilde condescendencia de mi amistad, pura y tierna. Piensen en mí en las pequeñas cosas de todos los días.

26 DE JUNIO

NO CORRAN

Aprendan en las pequeñas cosas de la vida a demorar la acción hasta obtener mi guía...

Muchas vidas carecen de dominio propio. Porque en las decisiones importantes y las cosas grandes de la vida buscan mi ayuda, pero en las cosas pequeñas, corren a resolverlas por sí mismos.

Lo que hagan en las pequeñas cosas causará que los que les rodean se sientan atraídos o alejados.

27 DE JUNIO

SIN REPROCHES A SÍ MISMO

Los Brazos Eternos les protegen. «El eterno Dios es tu refugio, y acá abajo los brazos eternos». Esta promesa es para quienes se elevan por sobre la vida de la tierra y buscan volar más alto, al Reino de los Cielos.

No han de sentir la carga de su fracaso. Sigan avanzando en fe, las nubes se irán y el camino se iluminará... el camino se vuelve menos pedregoso con cada paso que den. Así que corran para obtener. Hacer las cosas simples con disciplina hará que el éxito corone sus esfuerzos.

No tuve palabras de reproche para ninguna de las personas a las que sané. El hombre cuyo ser físico estaba destruido por el pecado —a quien curé la parálisis— quedó completo y libre.

La mujer junto al pozo no se sintió sobrecogida por mí: «Cinco maridos has tenido, y el que ahora tienes no es tu marido». A la mujer adúltera le dije: «Ni yo te condeno; vete, y no peques más». No le dije que cargara con el peso de la conciencia de su pecado.

Recuerden, ahora permanecen estas tres, la fe, la esperanza y el amor. La fe es su actitud hacia mí. El amor es su actitud hacia los demás, pero es necesaria la esperanza, que es la confianza en que lograrán el éxito.

28 de junio

Mesa con deleites

No ha sido en vano este entrenamiento y tiempo de enseñanza. El tiempo de supresión, represión y depresión ha cambiado para ser ahora tiempo de gloriosa expresión.

La vida se inunda con gozo y alegría. En realidad he preparado una mesa de deleite, un banquete de cosas buenas para ustedes.

Su copa rebosa y pueden sentir desde lo profundo de su corazón que: «Ciertamente el bien y la misericordia me seguirán todos los días de mi vida, y en la casa de Jehová moraré por largos días».

29 de junio

Mi voluntad... el gozo de ustedes

Nuestro Señor y nuestro Dios. Guíanos, te rogamos.
Guíanos y guárdanos.

Jamás podrán ir más allá de mi amor y cuidado. Recuerden esto. Nada malo les pasará. Las circunstancias que bendigo y utilizo han de ser para bien de ustedes.

Sin embargo, sé siempre que el primer paso es el de entregar ante mí su voluntad como ofrenda, dispuesta para que yo haga lo que es mejor, seguros de que si confían en mí, lo que haga por ustedes será por su bien.

El segundo paso es estar seguros, y decírmelo, de que soy lo suficientemente poderoso como para hacer todo («Los corazones de los reyes están bajo mi mandato y gobierno»), y de que no hay milagro imposible para mí («Para Dios todo es posible» y «Yo y el Padre uno somos»).

Luego, déjenmelo todo a mí. Estén felices de dejar todos sus asuntos en una Mano Maestra. Seguros de su seguridad y protección. Recuerden que *ustedes* no pueden ver el futuro. Yo sí puedo.

No podrían soportarlo. Así que poco a poco se los iré revelando. Acepten mi voluntad y les dará gozo.

30 DE JUNIO

ENTIÉNDANLOS

Lleven gozo dondequiera que vayan. Han sido muy bendecidas. Están siendo muy bendecidas.

Hay abundante bendición esperándoles en los meses y años por venir. Repartan las bendiciones que reciben.

El amor puede dar la vuelta al mundo, y lo hace, pasando por las corrientes de Dios de una persona a la otra.

Brinden un poco de sol al corazón de alguien, y esa persona, a su vez, repartirá la alegría que recibe, y así mi mensaje revitalizador y dador de gozo continuará pasando de persona en persona.

Transmitan. Amen y rían. Alegren. Amen.

Siempre busquen entender a otros, y no podrán dejar de amarles.

Véanme en el aburrido, el poco interesante, el pecador, el crítico, el que está triste.

Véanme en la risa de los niños y en la dulzura de la vejez, en el coraje de la juventud y en la paciencia de la edad madura.

1 DE JULIO

Ataquen al miedo

Aprendo cada día la sublime lección de la confianza y la calma en medio de la tormenta. No importa qué pena o dificulta traiga el día, mi tierno mandamiento a ustedes es el mismo... *amor y risas*.

Amor y Risas, y no una penosa resignación, esto marca la verdadera aceptación de mi voluntad. Que cada alma sea más valiente y más feliz por haberlas encontrado. Porque para niños o jóvenes, de mediana edad o ancianos, con pena, con pecado, para todo lo que puedan encontrar, su actitud ha de ser esta. *Amor y risas.*

No teman. Recuerden cómo enfrenté al diablo en el desierto y cómo conquisté con «la espada del Espíritu, que es la palabra de Dios». Ustedes tienen también su rápida respuesta a todo miedo que el mal pueda presentar... una respuesta de fe y confianza en mí. Díganlo en voz alta siempre que les sea posible.

La palabra hablada tiene poder. Vean cada miedo no como una debilidad de parte de ustedes debida a la enfermedad o la preocupación, sino como una tentación muy real que hay que atacar y vencer.

2 DE JULIO

El espíritu de un niño

¿Se ve pedregoso el camino? Ni una sola piedra podrá impedir su progreso. Coraje. Enfrenten el futuro, pero *enfréntelo* únicamente con un corazón valiente y feliz. No busquen *verlo*. Están robándole a la fe su sublime dulzura si hacen esto.

Solo sepan que todo está bien y que la fe, y no el ver sino el creer, es la barca que les llevará a la seguridad por las aguas turbulentas. «Conforme a vuestra fe os sea hecho», fue lo que les dije a los que me buscaban para que les sanara.

Si para los milagros, si para la sanidad, si para la salvación fue tan necesaria la fe, está muy claro por qué urgí a todo aquel que buscara entrar en mi Reino a que se volviera como un niño. La fe es la actitud del niño.

Busquen en todas las formas ser como niños. Busquen, busquen, busquen hasta que encuentren, hasta que los años hayan agregado a su naturaleza la del niño que confía. Y no solo por su sencilla confianza han de copiar el espíritu del niño, sino por su gozo en la vida, su risa pronta, su falta de crítica, su deseo de compartirlo todo con todas las personas. Pidan mucho que puedan llegar a ser como niños, amables y amorosos con todos... no críticos, no temerosos.

«Si no os volvéis ... como niños, no entraréis en el reino de los cielos».

3 DE JULIO

PLENITUD ESPIRITUAL

Señor Nuestro, te amamos y deseamos vivir
para ti en todas las cosas.

Hijos míos: «Bienaventurados los que tienen hambre y sed de justicia, porque ellos serán saciados». Eso es satisfacción.

Solo en esa plenitud de cosas espirituales puede el débil, el quebrantado, el cansado verse satisfecho, sanado y descansado. Clamamos: «Señor, ¿a quién iremos?» «Aderezas mesa delante de mí». Pan de Vida, Alimento del Cielo.

Pocos han caído en la cuenta de que cuando alimenté a los cuatro mil y a los cinco mil, en cada caso estaba ilustrando el modo en que un día yo sería la Comida de mi pueblo.

Piensen en el milagro de la revelación que todavía han de ver lo que viven conmigo. Todos estos siglos, y tanto de lo que hice y dije sigue siendo un misterio, mucho de mi vida en la tierra continúa siendo aún un terreno espiritualmente sin explorar. Solo a los simples, a los de corazón amoroso que andan conmigo, pueden serles reveladas estas cosas. He ocultado con cuidado estas cosas del sabio y el prudente, y se las he revelado al bebé, al niño.

No agobien sus espíritus con los pecados y penas del mundo. Solo Cristo puede hacerlo y vivir. Busquen lo amoroso, lo sincero, lo amable, lo valiente en los muchos que les rodean.

4 DE JULIO

AMIGO MÍO

Lo que el hombre llama conversión a menudo es solo el descubrimiento del Gran Amigo. Lo que el hombre llama religión es el conocimiento del Gran Amigo. Lo que el hombre llama santidad es la imitación del Gran Amigo.

La perfección, esa perfección que a todos indiqué, el ser perfectos como perfecto es su Padre celestial, es ser como el Gran Amigo, y a la vez, ser para otros también un Gran Amigo.

Soy su Amigo. Piensen en todo lo que esto significa... Amigo y Salvador. Un amigo está dispuesto a ayudar, anticipando cada deseo, con la mano extendida para auxiliar y alentar, o para alejar el peligro, con voz de ternura para apaciguar los nervios tensos, y con voz de paz para ahuyentar el miedo y la inquietud.

Piensen en lo que es un amigo para ustedes, y a partir de ahí intenten ver un poco lo que sería el Amigo Perfecto, que nunca se cansa, que no es egoísta, que todo lo conquista, que puede realizar todos los milagros. Ese Amigo, y más de lo que su corazón puede siquiera imaginar, ese Amigo soy yo.

Si le leyera a mi Reino —mi Reino de corazones de niño— las doctrinas de sus iglesias, muchísimas veces no obtendría respuesta alguna. Pero las reglas simples que yo les di a mis seguidores son conocidas, amadas y vividas por todos ellos.

En todas las cosas busquen lo simple.

5 DE JULIO

SON INVENCIBLES

Yo estoy con ustedes todo el tiempo controlando, bendiciendo y ayudándoles. No hay hombre o mujer que pueda contra mi voluntad para ustedes. Un mundo entero de hombres y mujeres no pueden hacerlo... si tan solo confían en mí y ponen sus asuntos en mis manos.

Al pasajero puede parecerle que cada ola podría tumbar el barco o desviarlo de su curso. El capitán sabe por experiencia que a pesar del viento y las olas, él sigue una trayectoria que lleva directamente allí donde encontrará refugio.

Así que confíen en mí, Capitán de su salvación.

6 DE JULIO

RIQUEZAS

Jamás se permitan pensar: «No podemos darnos el lujo de esto», o «Nunca seré capaz de hacer eso». Mas bien digan:

«Aún no tengo la provisión para hacer esto, pero llegará si he de tenerla. *Estoy seguro* de que llegará».

Perseveren en decir esto y gradualmente serán poseídos por el sentimiento de tener provisión abundante y de estar rodeados de riquezas. Este sentimiento es su fe que reclama mi Provisión, y según su fe la misma llegará a ustedes.

No es la fe expresada en momentos de oración y exaltación lo que yo busco, sino la fe que se halla inmediatamente junto a la duda apenas esta surge, una fe que ataca y conquista la sensación de limitación.

«Pedid, y se os dará».

7 DE JULIO

DOLOROSA PREPARACIÓN

La ayuda, la paz y el gozo están aquí. Su coraje será recompensado. Doloroso como es este momento, ambas un día verán la razón de todo esto, y también verán que no fue una prueba cruel sino una tierna preparación para el maravilloso trabajo de por vida que han de realizar.

Traten de ver que sus oraciones están siendo respondidas maravillosamente. Respondidas de un modo que les parece doloroso, pero que por ahora es el único modo.

El éxito en el mundo temporal no les satisfaría.

Les espera gran éxito, tanto en el mundo espiritual como en el temporal.

Sé que verán que así debe ser.

8 DE JULIO

MI SECRETO

Están siendo guiadas, pero recuerden que dije: «Yo te guiaré con mis ojos».

Y mis ojos son mi propósito, mi voluntad.

Guiar con mi voluntad es hacer que todos sus deseos sean uno con mi voluntad, con mis deseos.

Hagan de mi voluntad su única voluntad. Entonces mi voluntad las guiará.

9 DE JULIO

¿POR QUÉ DUDAR?

Regocíjense en mí. El gozo es contagioso. Confíen y oren. No es pecado para quien me conoce solo como Dios, como Creador, dudar de mí, cuestionar mi amor y propósitos.

Pero para quien me conoce como ustedes, como Amigo y Salvador, para quien conoce al Dios del mundo como Padre, para ese, dudar de mis propósitos, mi poder de salvación y mi tierno amor sí está mal.

10 DE JULIO

Esperen muchos milagros

Soy un guardián maravilloso.
No esperen un milagro, sino muchos.

Los sucesos de cada día, si vienen de mí y están bajo mi control, son milagros.

11 DE JULIO

Ángeles guardianes

Son mías. Una vez que he puesto sobre ustedes mi sello de propiedad, todas mis huestes se unen para servirles y protegerles.

Recuerden que son hijas de un Rey.

Intenten imaginar a un guardaespaldas, mis servidores en el mundo que no se ve, anhelando, esperando, eficientes, queriendo hacer todo lo necesario para su bienestar.

Sientan esto a lo largo del día. Siéntanlo y todo está bien.

12 DE JULIO

Salvador y salvador

Si creen que es mi mano la que les ha salvado, entonces deben creer que hablo en serio cuando digo que las salvaré aun más, y que las guardaré en el camino que han de andar.

Ni siquiera un rescatador humano salva al hombre de ahogarse solo para dejarle en otras aguas profundas y peligrosas. Lo lleva a la orilla —y es más— lo reanima, lo reaviva, lo acompaña a su casa.

De esta parábola aprendan lo que yo, su Rescatador, haría, y aun más. ¿Es que la mano del Señor es corta, y no puede obrar, no puede salvar?

Mi grito en la cruz al decir: «Consumado es», es mi grito de Salvación por un mundo entero.

Completo toda tarea que se me encomienda. Así que confíen y no teman.

13 DE JULIO

ESPEREN LO BUENO

¿Pueden adoptar la expectante actitud de la fe?

No esperen a que llegue el siguiente mal, sino esperen con gozosa confianza el próximo bien.

14 DE JULIO

VERDADERO ÉXITO

Nuestro Señor, te agradecemos que nos hayas guardado.

Regocíjense de veras porque ven mi mano en todo lo que sucede a lo largo del día, y en cada momento de protección. Protegidos, los israelitas cruzaron el Mar Rojo; así también son ustedes protegidas en todas las cosas.

Confíen en esto y avancen. Ahora han entrado en la etapa del éxito. No han de dudar de esto. Han de verlo. Más allá de toda duda han de verlo. Es verdad. Es seguro.

No hay edad en la vida eterna. No tengan compasión de sí mismas. Nada más que gozo y gratitud.

Estas últimas semanas han sido el ahogo en las aguas antes de la conciencia del rescate. Avancen ahora y conquisten. Avancen sin miedo.

15 DE JULIO

CANCIONES A LO LARGO DEL CAMINO

Muchos de mis discípulos han tenido que permanecer en la oscuridad, solos y sin amigos.

Siguieron luchando, cantando mientras avanzaban.

Para ustedes también ha de haber canciones a lo largo del camino. ¿Habría yo de poner sus pies en escalera insegura? Sus soportes pueden estar fuera de su vista, ocultos en el Lugar Secreto del altísimo, pero si les he pedido que sigan subiendo con firmeza... es porque con certeza he asegurado su escalera.

16 DE JULIO

REFUGIO

Conozcan mi Divino poder. Confíen en mí. Permanezcan en mi amor. Rían y confíen. La risa es la fe del niño en Dios y el bien.

Busquen seguridad en mi Lugar Secreto.

Nada puede tocarles ni lastimarles allí. Eso es seguro.

Siéntanse como si estuvieran en una fuerte Torre, con muchos centinelas, donde nada puede dañarles.

17 DE JULIO

SEA LA CALMA

Regocíjense, regocíjense. Tengo tanto que enseñarles a las dos. No crean que oculto mi presencia cuando no les revelo más de mi verdad.

Están pasando por una tormenta. Básteles que yo estoy con ustedes, y que les digo: «Sea la calma», para acallar tanto al viento como a las olas.

Fue en las tranquilas laderas de las montañas donde les enseñé a los discípulos las verdades de mi Reino, y no durante la tormenta.

Así con ustedes, el tiempo de las laderas vendrá, y descansarán conmigo y aprenderán.

18 DE JULIO

CAMINEN CON HUMILDAD

Si temen lo que otros dirán, es porque les falta confianza en mí. Esto no debe ser. Transformen todas estas dificultades en la purificación de su carácter.

Véanse como les ven los demás, y no como querrían ser, y caminen en toda humildad con su Dios.

Las elevaré en lo alto porque han conocido mi nombre, y pero han de ser purificadas para poder ser exaltadas de esta manera.

19 DE JULIO

SUCESOS MARAVILLOSOS

Nuestro Señor, con corazones llenos de gozo te agradecemos por tus maravillosas bendiciones, derramadas sobre nosotros hoy y todos los días.

Estoy a su lado. Sigan en todas las cosas mi Guía. Se están desplegando maravillas que van más allá de lo que puedan imaginar. Soy su Guía. Gócense en esa idea. Su Guía y Amigo.

Recuerden que para mí un milagro es tan solo algo natural. Para mis discípulos, para mis elegidos, un milagro es solo algo natural. Pero es algo natural que opera por medio de fuerzas espirituales, y por ello el hombre que funciona y entiende solo a través de los sentidos lo ve como algo contrario a la naturaleza.

Hijos míos, los hijos de mi Reino son un Pueblo Especial, aparte, con diferentes esperanzas y aspiraciones, motivos y sentido de la recompensa.

Ustedes ven un suceso maravilloso (como el de hoy), que sucede con tal facilidad, tan simplemente, tan libre de cualquier otra agencia, y se asombran.

Hijos, escuchen, esto no ha sucedido fácil y simplemente. Se logró con horas, días, meses de lucha contra el cansancio y la pena, para al final vencer a este cansancio y pena, mediante un deseo inquebrantable y firme de conquistar al ego, y hacer mi voluntad y vivir mis enseñanzas.

Las preocupaciones y miedos, y el desprecio que se sobrelleva con paciencia, significan adquisición de poder espiritual, el cual opera maravillosamente.

20 DE JULIO

MI PARÁMETRO

Cumplan con mis mandamientos y déjenme el resultado a mí. Hagan esto de forma muy obediente y fiel, como esperarían que un niño siguiera una regla para realizar una suma, sin cuestionar, sino conociendo que haciéndola según lo que se le manda, el resultado será correcto.

Recuerden que los mandamientos que les di ya se han cumplido, porque yo los cumplí en el mundo espiritual para producir en su caso, y en sus circunstancias, el resultado requerido. Así que sigan mis reglas con fidelidad.

Sepan que allí está la perfección de la divina guía. Seguir una regla impuesta incluso por el más sabio de la tierra podría llevar al desastre.

El conocimiento de su vida y carácter individual, de sus capacidades, circunstancias y tentaciones, puede fallar en cierto punto, pero al seguir mi guía directa estarán cumpliendo instrucciones dadas con conocimiento pleno de lo que ustedes son y del resultado requerido.

El fin de cada persona es el de caminar conmigo de este modo, para actuar bajo el control divino, fortalecido por poder divino.

¿No les he enseñado a amar lo simple?

No importa qué piense el mundo, los objetivos e intrigas de la tierra no son para ustedes. ¡Oh!, hijos míos, aprendan de mí. La simpleza trae reposo. Verdadero reposo y poder.

Una tontera para el mundo, quizá, pero para mí, el anticipo de la divinidad.

21 de julio

El camino de la alabanza

Les estoy enseñando a ambas mi modo de quitar montañas. El modo de quitar montañas es la alabanza. Cuando llegue un problema piensen en todo lo que tienen para agradecer. Alabanza, alabanza, alabanza.

Digan «gracias» todo el tiempo. Esto quitará las montañas, sus agradecidos corazones de alabanza.

22 de julio

Milagro de la eternidad

Permanezcan en mí. «El que en mí cree, las obras que yo hago, él las hará también; y aun mayores hará, porque yo voy al Padre».

¡Obras aun mayores! El ciego pudo ver, el paralítico pudo caminar, los leprosos fueron sanados, a los pobres se les predicó el evangelio. «Y aun mayores hará, porque yo voy al Padre».

¡Milagro del mundo! ¡Milagro de la Eternidad! ¡El poder de Dios manifiesto en el hombre que cree! ¡El poder de Dios que sale a bendecir, por medio del hombre y actuado por el Espíritu Santo! Levántense de la tumba de la enfermedad, la pobreza, la duda, la desesperanza, la limitación. «Levántate, resplandece; porque ha venido tu luz, y la gloria de Jehová ha nacido sobre ti». Ante ustedes dos hay un maravilloso futuro. Un futuro de ilimitado poder para bendecir a los demás. Solo sean canales. Déjense usar. Pidan, pidan. «Pedid, y se os dará», y también a aquellos por quienes oren.

23 DE JULIO

Detengan toda obra hasta que...

Señor nuestro, otórganos esa maravillosa paz interior.

Mis hijos, esa paz de veras sobrepasa todo entendimiento. Esa paz ningún hombre podrá quitárselas. No hay hombre que tenga el poder de perturbar esa paz, pero está en la naturaleza de ustedes dejar entrar al mundo con sus preocupaciones y distracciones.

Pueden dar entrada al miedo y la desesperanza. Pueden abrirle la puerta al ladrón para que robe y destruya su paz.

Dispónganse a cumplir esto, que nadie perturbe su paz conmigo, la calma de sus corazones. Detengan toda obra, detengan toda relación con los demás hasta haberla restaurado. No permitan que los que se acerquen a ustedes estropeen su paz de corazón, su paz de la mente. No permitan que nadie de afuera, ningún problema, irritación o adversidad, la disturbe siquiera por un momento.

Vean cada dificultad como un entrenamiento para permitirles adquirir esta paz. Toda obra, toda interrupción... ocúpense de ver que nada de esto toque la armonía de su ser real, que está oculto conmigo en el Secreto Lugar del Padre.

24 DE JULIO

MANTÉNGANSE CERCA

*Nuestro Señor, guíanos. Muéstranos tu voluntad
y tu camino en todo.*

Manténganse cerca de mí y conocerán el Camino porque, como les dije a mis discípulos, yo soy el Camino. Es esa la solución a todos los problemas de la tierra.

Manténganse cerca, muy cerca de mí. Piensen, actúen y vivan en mi presencia.

¡Cómo se atreve cualquier enemigo a tocarles, estando protegidos por mí! Ese es el secreto de todo poder, toda paz, toda pureza, toda influencia, el estar muy cerca de mí.

Permanezcan en mí. Vivan en mi presencia. Regocíjense en mi amor. Agradezcan y alaben todo el tiempo. Los milagros están revelándose.

25 DE JULIO

VIDA MARAVILLOSA

Soy su Señor. Señor de sus vidas, controlador de sus días, su presente y futuro. Dejen que yo haga los planes. Solo actúen según se los pido.

Han entrado ahora, ambas, en la vida guiada por Dios. Piensen en lo que significa esto. Enseñadas por Dios, guiadas por Dios.

¿Es algo demasiado maravilloso para tal vida? ¿Comienzan a ver ahora cuán maravillosa puede ser la vida conmigo?

¿Ven que nada malo puede acaecerles?

26 DE JULIO

OLVIDEN, PERDONEN

Nuestro Señor, te agradecemos tanto.
Te bendecimos y alabamos tu Glorioso Nombre.

Llenen su mundo con amor y risas. Que no les importe la angustia que han dejado atrás.

Olviden, perdonen, amen y rían.

Traten a todos como me tratarían a mí, con amor y consideración.

Que nada de lo que los demás hagan altere el modo en que ustedes les tratan.

27 DE JULIO

MI CONSOLACIÓN

Oh, Jesús, ven y camina con nosotros
y haznos sentir tu cercanía.

Yo camino con ustedes. ¡Oh!, piensen, hijos míos, no solo para guiarles y consolarles, fortalecerles y sostenerles, sino para solaz y consuelo de mí mismo.

Cuando un niño amoroso está junto a ustedes, ¿es la cercanía solo para que puedan darle protección y ayuda a ese pequeño?

También en ese pequeño han de encontrar ustedes gozo y alegría y consuelo en su simpleza, su amor, su confianza.

Así también, está en su poder consolar y traer gozo a mi corazón.

28 de julio

Errores

Yo soy su Escudo. No hay golpe del mundo que les pueda lastimar. Sientan que entre ustedes y todo desprecio e indignidad hay un fuerte escudo. Practiquen este sentimiento hasta que nada tenga el poder de estropear la paz interior. Entonces de veras habrán ganado una maravillosa victoria. A veces se preguntan por qué se les permite cometer errores en sus decisiones, cuando buscaban tan sinceramente hacer mi voluntad al respecto.

A esto respondo que no fue error... No han de aprender sus lecciones sin dificultad, y tal cosa fue necesaria parra que aprendieran una lección. No es al que sigue avanzando sin obstáculos en el camino, *sino al que vence, a quien se le da la promesa.*

Así que para obtener paz rápidamente en derredor, y también en sus corazones, aprendan su lección pronto. Y vencer, no es vencer al que les ofendió, sino vencer la debilidad y lo incorrecto en su propia naturaleza, la cual hace surgir aquel que les ofendió.

No han de tener un parámetro más bajo que el mío. «Sed, pues, vosotros perfectos, como vuestro Padre que está en los cielos es perfecto».

29 de julio

Campos bajo el sol

Señor, bendícenos en esta noche, y en tu misericordia sánanos.

No piensen que el sufrimiento es el único camino de entrada a mi Reino. Hay campos soleados, y caminos en medio de hermosas flores, en los que los pasos y corazones de los hombres avanzan hacia mí. Hay pájaros y risas, mariposas y un aire de verano cálido y dador de vida, y con estos tiernos amigos y compañeros un camino gozoso hacia el Reino puede también ser tomado.

No todos los caminos son oscuros, fríos, desolados, con malezas y piedras. Déjenmelo todo a mí. La elección de los caminos, la guía a medida que avanzan. Y cuando llame el brillo del sol, acéptenlo con alegría.

Aun en el mundo espiritual la apreciación resulta de la experiencia contraria. ¿No acontece que el fuego del hogar se hace más querido al viajero que ha debido andar por acantilados ventosos en medio de una tormenta? Hagan que esta palabra de aliento entre en sus corazones. Él «no os dejará ser tentados más de lo que podéis resistir, sino que dará también juntamente con la tentación la salida, para que podáis soportar».

El mundo no es el Reino. «En el mundo tendréis aflicción; pero confiad, yo he vencido al mundo». Vivan conmigo, el Cristo Conquistador, y el gozo y la paz de la conquista serán suyos también.

30 DE JULIO

FE RECOMPENSADA

Piensen mucho en mis siervos de antaño. En cómo Abraham creyó en la promesa (incluso cuando no tenía hijos) de que en su simiente serían bendecidas todas las naciones de la tierra.

En cómo Moisés guió a los hijos de Israel a través del desierto, con la certeza de que al final obtendrían la Tierra Prometida.

A lo largo de los siglos siempre ha habido quienes obedecieron, sin ver y aun así creyendo, y su fe fue recompensada. Lo mismo será con ustedes.

31 DE JULIO

GRATITUD

Denme el regalo de un corazón valiente y agradecido. El hombre prueba su grandeza a través de su poder para descubrir causas por las que pueda agradecer en su vida.

Cuando la vida se ve difícil y los problemas se acumulan, entonces busquen definitivamente causas para agradecer.

El sacrificio, la ofrenda del agradecimiento, es en realidad un dulce incienso que se eleva a mí en un día agitado.

Busquen con diligencia algo por lo que puedan sentir alegría y agradecimiento en cada suceso, y pronto ya no tendrán que buscar.

Las causas de gozo y la gratitud surgirán de forma espontánea para saludar a sus corazones llenos de amor.

1 DE AGOSTO

BENDITO VÍNCULO

Jesús, que tu Hermosa Presencia siempre esté con nosotros.

«Jamás te dejaré, nunca te abandonaré».
No hay vínculo de unión en la tierra que se compare con la unión entre el alma que me ama y yo.

Esa Amistad tiene un valor incalculable de acuerdo a los parámetros de la tierra.

En la fusión del corazón, la mente y la voluntad, surge una unidad que solo pueden conocer los que la viven.

2 DE AGOSTO

Cosecha

Mi Señor, buscamos tu bendición.

Amo derramar mis bendiciones en medida abundante y buena. Pero así como al sembrar hay que preparar el suelo, ustedes han de tener lista la tierra para que yo eche la semilla-bendición en ella.

Juntos compartiremos y nos gozaremos de la cosecha.

Pasen más tiempo preparando la tierra. La oración fertiliza el suelo. Hay mucho que hacer como preparación.

3 DE AGOSTO

Den cada momento

Hijos míos, cuán querido es a mi Corazón el clamor de amor que pide todo de mí, que desea que cada acción, pensamiento, palabra y momento sean míos. Qué pobre es el entendimiento del que piensa que el dinero puede usarse en esta buena obra, o que es el gran don para ofrecer. Por sobre todas las cosas deseo amor sincero, cálido, como el de un niño, el amor que confía y entiende, y luego el regalo que más aprecio es el de los momentos, de todos los momentos.

Aun cuando el impetuoso anhelo del amor de aquel que desea servirme me ha ofrecido toda la vida, cada día, cada hora, pienso también, aunque es una lección larga y no fácil de aprender, lo que significaría darme los momentos.

Las cosas pequeñas que planearon hacer, entregadas a mi sugerencia con alegría, los pequeños servicios dados con gozo. Véanme en todo y entonces la tarea será fácil.

Este es un tiempo de iniciación sin precio, pero recuerden que el camino de la iniciación no es para todos sino solo para los que han sentido el clamor de dolor de un mundo que necesita un Salvador, y han escuchado el tierno ruego de un Salvador que necesita seguidores por medio de quienes él pueda lograr su gran obra de Salvación con gozo.

4 DE AGOSTO

VIDA ETERNA

Oh, Jesús, te amamos y anhelamos servirte.

Hijas mías, ambas han de hacer cosas grandiosas para mí. Las glorias y milagros se revelan. La vida es un todo glorioso.

Depositen en sus seres cada vez más esta vida eterna. Es el fluir de la vida eterna en el espíritu, la mente y el cuerpo lo que lava, sana, restaura, renueva la juventud y pasa de ustedes a los demás, con el mismo poder de obrar milagros.

«Y esta es la vida eterna: que te conozcan ... y a Jesucristo, a quien has enviado». Así que busquen mediante el contacto constante conocerme más y más.

Hagan de mí la presencia única y permanente de sus días, de la que estén concientes todo el tiempo. Busquen *hacer* menos y *lograr* más, lograr más. Hacer es actuar. Lograr es actuar con éxito.

Recuerden que la vida eterna es la única vida perdurable, así que todo lo que se hace sin hacerse en el poder de mi Espíritu, de mi vida, es pasajero. Pero lo que se hace en esa vida y Espíritu es permanente y perdurable. No muere jamás.

«Y yo les doy vida eterna; y no perecerán jamás, ni nadie las arrebatará de mi mano». Así que la vida eterna también significa *seguridad*. Habiten cada vez más en la conciencia de esa seguridad.

5 DE AGOSTO

LA HORA DE LA NECESIDAD

Señor, ven a nosotros y sánanos.

Soy su Sanador, su gozo, su Señor. Me llaman, y yo, su Señor, vengo. ¿No sabían que estoy aquí? Con paso silencioso me acerco a ustedes.

Su hora de necesidad es el momento de mi venida.

Si pudieran conocer mi amor, si pudieran medir mi anhelo por ayudar, sabrían que no necesito un ruego agonizante.

La *necesidad* de ustedes es mi llamado.

6 DE AGOSTO

HABITEN APARTE

Reposen más conmigo. Sí yo, el Hijo de Dios, necesité esos momentos de callada comunión con mi Padre, aparte, solo, lejos del ruido y la actividad, entonces es seguro que ustedes también los necesitan.

Volver a llenarse del Espíritu es una necesidad. Ese habitar aparte, ese encerrarse en el muy secreto lugar de su ser... a solas conmigo.

De estos momentos saldrán plenos de poder para bendecir y sanar.

7 DE AGOSTO

Todo está bien

Nuestro Señor, bendícenos y guárdanos, te lo rogamos.

Mi poder de protección jamás falla. Lo que falla es su percepción. No se trata de si puedo ofrecer refugio de la tormenta, sino de su certeza acerca de la seguridad de ese refugio.

Todo temor, toda duda es un crimen en contra de mi amor.

¡Oh! hijos, confíen. Practiquen cada día, muchas veces al día, decir: «Todo está bien».

Díganlo hasta que lo crean, hasta que lo sepan.

8 DE AGOSTO

Vacíense

Confíen solamente en mí. No pidan otra ayuda. Depositen toda su confianza en el Espíritu, sabiendo que vendrá más para cubrir su necesidad.

Vacíen sus vasijas rápidamente, para asegurar la Provisión Divina.

Mucho de lo que retienen les será restado de lo que obtengan. Esa es la Ley de la Provisión Divina.

Retener implica miedo al futuro, falta de confianza en mí.

Cuando me piden que les salve del mar de la pobreza y la dificultad han de confiar plenamente en mí. Si no lo hacen, y su oración y fe son sinceras, he de responde primero su oración por ayuda como el rescatador responde al llamado del que se ahoga y lucha por salvarse.

Él hace que el necesitado se debilite más, hasta quedar totalmente a merced del rescatador. Así han de entender mi guía. Confíen plenamente. Confíen completamente.

Vacíen su vasija. Yo la llenaré. Ambas piden entender la Provisión Divina. Es una lección difícil que mis hijos han de aprender. Han llegado a ser tan dependientes de la provisión material, que no llegan a comprender. Deben vivir como yo les digo.

Dependan de mí.

9 DE AGOSTO

Esfuerzo y descanso

Vengan a mí, hablen conmigo, vivan conmigo, y entonces sabrán que mi Camino es camino seguro, mis Senderos son senderos seguros.

Vengan muy cerca de mí.

Caven profundo en el suelo del Reino. Esfuerzo y descanso... una unión de ambos.

10 DE AGOSTO

Ovejas perdidas

Oh, Jesús guía nuestros pasos para que no nos perdamos.

Para el que se pierde, hijos míos, no hay más cura que mantenerse tan cerca de mí que nada, ningún interés, tentación o cosa alguna pueda interponerse.

Seguros de esto solo han de permanecer a mi lado, sabiendo que, como soy el Camino mismo, nada puede impedirles estar en el Camino; nada puede hacer que se pierdan.

Les he prometido paz, pero no ocio, reposo del corazón, consuelo, pero no placer. He dicho: «En el mundo tendréis aflicción»; así que no sientan, cuando suceden cosas adversas, que han fallado o que no están siendo guiados, porque yo he dicho: «En el mundo tendréis aflicción; pero confiad, yo he vencido al mundo».

Así que aprendan de mí para que tengan el impresionante poder de Aquél que aunque fue escupido, azotado, malentendido, abandonado y crucificado, pudo ver que su obra no había sido afectada por estas cosas, y gritó triunfante desde su Cruz: «Consumado es».

No el dolor, la burla y la agonía, sino su Tarea.

Que este pensamiento les consuele. En el fracaso, la discordia, la contumacia, el sufrimiento, aun ahora, puedan los amigos y los ángeles estar preparados para decir a coro: «Consumado es».

11 DE AGOSTO

ME PERTENECEN

Jesús, tú estás cuidándonos para bendecirnos y guardarnos.

¡Sí! Siempre recuerden eso... que de la oscuridad les llevo a la luz. De la inquietud a la quietud, del desorden al orden. Del fracaso a la perfección.

Así que confíen en mí enteramente. No teman a nada. Siempre tengan esperanza. Búsquenme y yo seré su socorro seguro.

Yo y mi Padre uno somos. Así que el que hizo el mundo ordenado y hermoso a partir del caos, puso las estrellas en su lugar, e hizo que cada planta conociera su estación, ¿no puede Él sacarlos de su pequeño caos, trayendo paz y orden?

Y Él y yo somos uno, y ustedes me pertenecen. Sus asuntos son los míos. Es mi tarea divina ordenar mis asuntos... por lo tanto, los de ustedes también serán ordenados por mí.

12 DE AGOSTO

GOBIERNEN EL MUNDO

Acuérdense de que no hay oración sin respuesta. Recuerden que apenas algo les parezca mal, o las acciones de una persona no sean lo que ustedes creen que han de ser, en ese momento comienza su obligación y responsabilidad de orar porque se corrijan esos errores, o porque esa persona sea diferente.

Enfrenten sus responsabilidades. ¿Qué es lo que está mal en su país, en sus políticos, sus leyes, su gente? Piensen en silencio y hagan de estos asuntos el motivo de sus oraciones. Verán que cambian vidas que jamás han tocado, que se hacen leyes a su pedido, que desaparecen males.

¡Sí! Vivan en sentido extenso. Vivan para servir y salvar. Quizá jamás salgan de una habitación, y aun así, pueden llegar a ser una de las fuerzas más poderosas del bien en su país, en el mundo.

Quizá nunca vean la poderosa obra que hacen, pero yo sí la veo. El mal la ve. ¡Oh, es una vida gloriosa la del que salva! Trabajen junto a mí. Perciban esto cada vez más.

Amen conmigo, y compartan mi vida.

13 de agosto

Perfección

Oh, Jesús, ayúdanos, te lo rogamos.

Siempre su Auxilio, de la oscuridad a la Luz, de la debilidad al Poder, del pecado a la Salvación, del peligro a la Seguridad, de la pobreza a la Abundancia, de la indiferencia al Amor, del resentimiento al Perdón Perfecto.

Jamás se contenten con comparase con quienes les rodean. Que mis palabras resuenen. «Sed, pues, vosotros perfectos, como vuestro Padre que está en los cielos es perfecto». No se conformen con nada menos.

Hagan que sea su hábito, el de cada uno, revisar su carácter... con relación a la vida, a sus seres queridos, a su hogar, sus amigos, conocidos, su país, su trabajo.

Vean dónde yo, en la misma circunstancia, situación o relación, actuaría diferente. Planifiquen cómo erradicar tal o cual defecto, o tal o cual pecado, error u omisión. Evítenlos.

Al menos revisen su vida una vez a la semana.

14 de agosto

Mi más rico regalo

Jesús, viniste para que tengamos vida, y vida en abundancia.

Vida —espiritual, mental, física, vida abundante—, gozosa vida, poderosa vida. ¡Sí! Eso He venido a darles.

¿No piensan que mi corazón se entristeció al ver que tan pocos aceptaban mi don de gracia?

¡Piensen! El regalo más caro del mundo, ofrecido gratis, sin que haya una mano humana extendida para tomarlo.

¿Es posible esto? Mi regalo, el más rico que tiene para ofrecer el cielo, ese precioso don de vida, una vida abundante... el hombre lo rechaza, no lo quiere.

Que no sea así con ustedes. Apresúrense a tomarla... a usarla.

15 de agosto

No es castigo

Guiaré sus esfuerzos. No están siendo castigados por los pecados del pasado. Tomen mis palabras, reveladas a ustedes cada día desde el principio, y hagan en todo lo que yo digo. Les he estado mostrando el camino. No me han obedecido en esto.

Tengo un plan que solo puede ser revelado de esta manera. Pocas veces encuentro dos almas en unión, que solo quieren mi voluntad, solo servirme. La unión obra milagros.

Les he dicho que anhelo utilizarlas. Hace mucho que mi mundo hubiera sido traído si me hubieran servido muchas almas como las de *ustedes dos*.

Siempre fue «de dos en dos».

16 de agosto

No se agoten trabajando

Descansen. Está mal forzar el trabajo. Descansen hasta que la vida, la vida eterna, fluya por sus venas y corazones y mentes, haciendo que se muevan y trabajen gozosamente. Este momento llegará.

El trabajo agotador jamás sirve.

Descansen. Recuerden que soy su Médico, Sanador de mente y cuerpo.

Miren hacia mí buscando cura, descanso, paz.

17 DE AGOSTO

LA NATURALEZA RÍE

Vengo, vengo. Me necesitan. Vivan mucho afuera. Mi sol, mi glorioso aire, mi presencia, mi enseñanza.

¿No serán ellos unas vacaciones para ustedes dondequiera que estén? El sol ayuda a alegrar el corazón del hombre. Es la risa de la naturaleza.

Vivan mucho al aire libre. Mis medicinas son el sol y el aire, la confianza y la fe. La confianza es el sol del espíritu, el ser envuelto en el Divino Espíritu.

La fe es la inhalación del alma del Divino Espíritu. La mente, el alma y el cuerpo necesitan ayuda. Bienvenidas a mi tratamiento. Acérquense a mí.

La naturaleza suele ser mi enfermera para almas cansadas y cuerpos agotados. Que ella haga con ustedes lo que haga falta para sanarlas.

18 DE AGOSTO

PIEDRAS DEL CAMINO

Estoy aquí. No hay distancia que me separe. En el reino espiritual no medimos con millas o kilómetros terrestres. La distancia se mide en palabras de falsedad, en fracasos inspirados en el temor, en la crítica dura, esto es lo que separa a un alma de mí. su entrenamiento ha de ser severo para que su obra para mí no encuentre impedimento.

Busquen mi presencia, y los que la busquen la encontrarán. No es tanto una cuestión de búsqueda humana como de conciencia humana, de sometimiento incondicional a mi voluntad en las cosas grandes y pequeñas de la vida. Esto es lo que posibilita que yo los guíe.

Conocen la diferencia entre andar con un niño gozoso, alegre, que a lo largo del camino anticipa el rumbo y acepta naturalmente cada decisión en cada esquina, en oposición al niño que se resiste, que es rebelde y que aun cuando se le obliga suele decir cuando se ha calmado. «Sí, quiero ir contigo. No puedo quedarme solo, pero odio este camino».

No es el camino sino el regocijo amoroso en el camino y la guía lo que importa con mis discípulos. Ustedes dos están listas para que se les guíe pero no se regocijan como debieran en las pequeñas piedras cotidianas que hay a lo largo del camino.

19 DE AGOSTO

TEMPLO HUMANO

Señor, te amamos, te adoramos.

Inclínense ante mí. La adoración no es súplica, aunque ambas expresan diversas necesidades del hombre ante mí. Inclínense en adoración, concientes no solo de mi humanidad, sino de mi Divina Majestad.

Mientras estén arrodillados en humilde adoración, les diré que cuando tomé sobre mí su humanidad fue con el deseo de elevar esa humanidad a mi Divinidad. La tierra me dio lo mejor de sí... un templo humano donde albergar mi Divinidad, y yo traje ante ella la posesión del Poder Divino, el Amor Divino, la Fuerza Divina, para que se expresen por siempre en aquellos hijos suyos que me aceptan, que abren sus corazones a mí, y que buscan vivir mi vida.

Así, arrodillados en un espíritu de humildad, vuelvan sus ojos al cielo y conozcan la majestad, el poder, la belleza que puede ser de ustedes. Recuerden que no hay límite en lo que yo doy... aunque sí en lo que ustedes aceptan.

¡Oh!, regocíjense ante los milagros a los que son llamados, y viéndolos en oración, elévense en mi fuerza, llenos del anhelo de obrarlos y cumplirlos.

20 DE AGOSTO

VERGÜENZA Y REMORDIMIENTO

Pedro jamás habría podido hacer mi obra si no hubiera sido por el tierno amor en el que le envolví. No debí protegerlo de la ira de mi Padre, que es todo amor, ni del desprecio de mis enemigos, ni del resentimiento de mis amigos. ¡No!, sino del odio de Pedro mismo.

Y así a mis seguidores de hoy, como a los de ayer, vendrá la vergüenza, el remordimiento y el desprecio de sí mismos, de sus débiles seres. Ellos han tenido la intención de ser muy fuertes y valientes por mí. Y por lo tanto he de protegerles, porque de otro modo jamás tendrían el coraje de pelear y conquistar. Pero este enfrentamiento con el ser real ha de suceder... la vergüenza y el remordimiento deben venir.

Han de ser como quien corre una carrera, tropieza y cae, pero luego se levanta y sigue hacia la meta. ¿Qué objeto hay si se queda examinando el lugar donde cayó, llorando por la demora, por la miopía que le impidió evitar los obstáculos?

Así ocurre con ustedes, y les doy esto como mandamiento... no miren atrás. Entréguense ustedes mismos, y a todos con los que se hayan encontrado hasta hoy, dándose un nuevo comienzo a partir de ahora. Ya no recuerden los pecados y defectos de ellos, ni los suyos propios.

Cuando envié a mis discípulos, de dos en dos, sin cinturón, sin abrigo, sin dinero, esta fue una instrucción que debían cumplir de manera literal, y también en sentido figurado. En el viaje de la vida descarten todo lo que no es importante. Descarten todos los impedimentos, las imperfecciones pasadas de los demás, el sentido del fracaso.

21 DE AGOSTO

VOCES QUEBRADAS

Vean. Yo hago nuevas todas las cosas. Solo el espíritu atado a la tierra no puede volar. Toda bendición les envío, todo gozo, toda libertad de la pobreza y la preocupación, para cortar el lazo que les ata a la tierra.

Son solo estos hilos los que les atan. Por eso su libertad significará que se elevarán en el plano del gozo y la apreciación.

Las alas con plumas cortadas pueden volver a volar. Las voces quebrantadas recuperan una fuerza y belleza antes desconocidas. Su poder para ayudar a otras vidas pronto traerá su deleite, aun cuando al principio para ustedes la ayuda parecía tardarse en traer gozo.

Quizá estén agotados y cansados, y quebrantados, pero les digo: «He aquí, **yo hago nuevas** todas las cosas». Esa promesa se cumplirá. Tiernamente, a lo largo de los años, y aun con cariño cerca de sus oídos cansados del ruido, yo les hablo, mis amados, hoy.

«Venid a mí todos los que estáis trabajados y cargados, y yo os haré descansar».

22 de agosto

Rayos de sol

Porque ambas han anhelado salvar a mi mundo les permito recibir el entrenamiento que las preparará para hacerlo.

Tomen sus penas y sufrimientos, dificultades y angustias cada día, ustedes dos, y ofrézcanlos por un alma en pena, o por alguna oración que tiene especial necesidad de respuesta. Así la belleza de cada día vivirá aun después de que la tribulación y la angustia, la dificultad y el dolor del día han pasado.

Aprendan de mi vida del sufrimiento que salva a otros.

Así, cantarán en su dolor. En los días más grises también hay rayos de sol.

23 de agosto

La cima

No vean las pequeñas tribulaciones y problemas de cada hora del día. Vean el único propósito y plan al que conducen. Si al escalar una montaña mantienen la mirada en las piedras o lugares difíciles, al mirar solo eso, ¡qué inútil es su ascenso a la cima!

Sin embargo, si piensan que cada paso les está llevando más cerca de su logro, del que resultarán glorias y bellezas ante ustedes, entonces será muy diferente su esfuerzo.

24 de agosto

Alturas sublimes

Señor nuestro, sabemos que eres grande y capaz de liberarnos.

Yo soy su Liberador. Confíen en mí absolutamente. Sepan que haré lo mejor para ustedes. Estén listos y dispuestos para que se cumpla mi voluntad.

Sepan que conmigo todas las cosas son posibles. Aférrense gozosamente a esa verdad.

Digan muchas veces: «Todas las cosas son posibles con mi Maestro, mi Señor, mi Amigo».

Esta verdad, aceptada y creída con firmeza, es la escalera por la que un alma puede elevarse desde lo más profundo hasta la altura más sublime.

25 de agosto

Exhaustos

Te buscamos, como nos dijiste que hiciéramos.

Y buscando encontrarán. Nadie jamás buscó mi presencia en vano. Nadie jamás buscó mi ayuda en vano. El aliento del deseo y mi Espíritu están allí... para satisfacer y renovar. A veces el cansancio, el agotamiento, no son señales de falta de espíritu, sino de la guía del Espíritu. Muchas cosas maravillosas no habrían sucedido si no fuera gracias al cansancio físico, al cansancio mental de mis siervos, que hizo que reposaran, que se apartaran, que dejaran el trabajo a un lado, una necesidad…

Aunque mi Camino puede parecer angosto, lleva a la vida, vida en abundancia. Síganlo. No es tan angosto como para que yo no pueda andar junto a ustedes, a su lado.

Jamás habrá soledad con tal compañía. Un Camarada infinitamente tierno, infinitamente fuerte, andará el camino junto a ustedes.

26 DE AGOSTO

ACEPTEN LAS PRUEBAS

Las pruebas y tribulaciones pueden parecer demasiado para ustedes. No pueden hacer más que cumplir mi voluntad, y esa voluntad ustedes han dicho que es la suya también.

¿No ven que no pueden ser destruidos?

Desde ahora, una nueva vida se abre ante sus ojos. Suya, para entrar en el Reino que les he preparado.

El Sol de mi Presencia está en sus senderos. Confíen y avancen sin miedo. Mi gracia basta para todas sus necesidades.

27 DE AGOSTO

OVILLOS ENREDADOS

En quietud y confianza será vuestra fortaleza.
ISAÍAS 30:15

Sientan eso... confíen en mí. ¿No estoy guiándoles en seguridad, con toda fidelidad? ¿Me creerán, a mí, su Maestro, que les digo que esto realmente traerá la respuesta a sus oraciones?

Recuerden que yo soy el Ser Supremo que todo lo conoce, que todo lo controla.

Apenas pongan sus asuntos, su confusión, su dificultad en mis manos, comenzaré a efectuar la cura para toda la desarmonía y el desorden.

Han de saber que no les causaré más dolor que un médico al hacer esto, como quien planifica y sabe que puede curar, como el médico a su paciente. Lo haré con la mayor ternura posible.

Díganme que confían en mí para esto.

28 DE AGOSTO

SERVICIO CONTINUO

El servicio es la Ley del Cielo. Mis ángeles siempre obedecen. «Le sirven día y noche», es lo que puede decirse de todos los que me aman.

Con amor hay servicio continuo en cada acción, y también en el reposo.

No tomen esto como el fin sino como el comienzo de una nueva vida consagrada a mi servicio.

Una vida de poder y gozo.

29 DE AGOSTO

RESPIREN MI NOMBRE

Solo respiren mi Nombre.
Es como la presión de la mano de un niño, que invita a responder también con suave presión, afianzando la confianza del niño y derrotando al miedo.

30 DE AGOSTO

DEN, DEN, DEN

Den abundantemente. Sientan que son ricos. No tengan pensamiento mezquino en su corazón.

De amor, de pensamiento, de todo lo que tienen, den, den, den.

Son seguidores del más Grande Dador del mundo. Den de su tiempo, de su comodidad personal, de su descanso, de su fama, den sanidad, den poder, den comprensión, den todo esto y mucho más.

Aprendan esta lección y serán un gran poder para ayudar a otros y hacer cosas grandiosas.

31 DE AGOSTO

OREN Y NIEGUEN

Pero este género no sale sino con oración y ayuno.
MATEO 17:21

Han de vivir una vida de comunión y oración para poder salvar a otros.

Tomen mis Palabras como mandamiento a ustedes. «Con oración y ayuno».

Oren, y niéguense a sí mismos, y serán utilizados maravillosamente para salvar y ayudar a otros.

1 DE SEPTIEMBRE

TAN RICOS

No te desampararé ni te dejaré.
HEBREOS 13:5

Hijos míos, esa palabra es cierta, infalible. A lo largo de los siglos, miles han probado mi constancia, mi naturaleza incansable, mi constante amor. «Jamás te abandonaré». «Jamás te desampararé». Esto no significa solo una presencia, sino...

Mi amor jamás les dejará, mi entendimiento jamás les dejará, mi fuerza jamás les dejará. Piensen en todo lo que soy:

Amor – entonces por siempre están seguros del amor.

Fuerza – entonces por siempre, en toda dificultad y peligro, están seguros de la fuerza.

Paciencia – entonces siempre hay Uno que jamás se cansa.

Entendimiento – entonces siempre serán entendidos.

¿Pueden temerle al futuro cuando hay tanto en él para ustedes?

Amados: «Poned la mira en las cosas de arriba» (las cosas más elevadas, espirituales), «no en las de la tierra» (las cosas más bajas, temporales), y verán qué ricos son.

2 DE SEPTIEMBRE

HE DE PROVEER

Soy su Señor. Es suficiente. Entonces puedo ordenar su servicio obediente, su lealtad. Pero estoy sujeto, por mi señorío, a darles protección.

Estoy sujeto a pelear por ustedes, a planificar para ustedes, a asegurarles suficiente de todo lo que esté en mi poder proveer. Piensen en lo vasta que puede ser esa provisión. Jamás duden.

Se están revelando muchas maravillas. Milagros más allá de sus sueños. Solo necesitan que se les riegue con un espíritu agradecido y un corazón de amor para que den fruto en abundancia.

3 DE SEPTIEMBRE

VIVAN EN LO QUE NO SE VE

*Nuestro Señor, Dios del atribulado y el cansado,
ven y sálvanos.*

Soy su Salvador. No solo los salvo del peso del pecado, sino del peso de la preocupación, la pena y la depresión, la carencia y el dolor, el quebranto y la tristeza. Su Salvador.

Recuerden que están viviendo realmente en lo que no se ve... esa es la Vida Real.

Eleven sus cabezas de los problemas de la tierra y miren las glorias del Reino. Cada vez más alto, y verán más del cielo. Háblenme. Anhélenme. Descansen en mí. Permanezcan en mí. Sin la inquietud de traerme sus cargas para febrilmente volver a levantarlas y cargarlas otra vez.

¡No! *Permanezcan* en mí. No pierdan siquiera por un momento la conciencia de mi fuerza y protección.

Como el niño en los brazos de su madre, permanezcan refugiados y en reposo.

4 DE SEPTIEMBRE

Dejen esas cargas

Nuestro Dios es nuestra provisión.

Búsquenme para todo. Apóyense en mí para todo. Dejen esas cargas y luego, cantando y en libertad, podrán seguir su camino con gozo. Bajo el peso de su carga tropezarán y caerán.

Déjenla a mis pies, con la certeza de que la levantaré y haré en cada caso realmente lo que mejor sea.

5 DE SEPTIEMBRE

Progreso

El progreso es la Ley del Cielo. Alto, más alto, aun más alto, elévense a la vida y la belleza, al conocimiento y el poder. Cada vez más alto.

Sean más fuertes, más valientes, más amorosos mañana de lo que lo son hoy.

La Ley del Progreso da sentido y propósito a la vida.

6 DE SEPTIEMBRE

Sus seres queridos

Sus seres queridos están muy seguros en mis manos. Aprender, amar, trabajar, sus vidas son de felicidad y progreso. Viven para servir, y servir es lo que hacen de veras. Me sirven a mí y a quienes aman. Sirven sin cesar.

Sin embargo, sus ministraciones, tantas y tan diversas, ustedes no las verán, así como aquellos en mi tiempo sobre la tierra en forma humana no pudieran ver a los ángeles que me ministraron en el desierto.

Con mucha frecuencia los mortales corren a los amigos terrenales que pueden servirles de manera muy limitada cuando sus amigos liberados de las limitaciones de la humanidad pueden servirles tanto mejor, entender mejor, proteger mejor, planear mejor, aun interceder mejor ante mí por sus peticiones.

Hacen bien en recordar que sus amigos son los que no se ven. La compañía con ellos, cuanto más vivan en este mundo que no se ve, les ayudará a pasar cuando llegue el momento. Los problemas y dificultades de la tierra les parecerán, aun ahora, menos terribles cuando miren no las cosas que se ven, sino lo real, la vida eterna.

«Y esta es la vida eterna: que te conozcan a ti, el único Dios verdadero, y a Jesucristo, a quien has enviado».

Aprender a conocerme aproxima ese Reino, muy cerca, y en mí, a través del conocimiento de mí, los seres queridos allí se vuelven muy cercanos y queridos.

7 DE SEPTIEMBRE

BRAZOS ETERNOS

El eterno Dios es tu refugio, y acá abajo los brazos eternos.
DEUTERONOMIO 33:27

Brazos, brazos que refugian, que expresan el tierno amor de su Padre (mi Padre) Celestial. El hombre, en su problema y dificultad, necesita ante todo refugio. Un lugar donde esconderse. Un lugar donde nadie ni nada pueda tocarlo.

Digan para sí: «Él es nuestro Refugio». Díganlo hasta que esta verdad entre en lo profundo de su alma. Díganlo hasta saberlo, hasta estar seguros de que nada puede hacer que tengan miedo.

Sientan esto no solo hasta que el miedo se aleje, sino hasta que el gozo inunde todo el lugar. Refugio. Brazos Eternos que no se cansan, muy seguros, un refugio tan seguro.

8 DE SEPTIEMBRE

Caminen en mi amor

Cuando la provisión parece fallar han de saber que *esto no es así*. Sin embargo, al mismo tiempo han de mirar a su alrededor para ver qué pueden dar. Den algo.

Siempre hay un estancamiento, un bloqueo, cuando la provisión parece fallar. Cuando dan, eliminan este bloqueo y permiten que el Espíritu de mi Provisión fluya con naturalidad.

La conciencia de mi presencia como amor hace que la vida sea diferente. La conciencia de mí significa abrirme su naturaleza por completo, y esto trae alivio. El alivio trae paz. La paz trae gozo. La «paz que sobrepasa todo entendimiento» y el «gozo que nadie puede quitarles».

Más allá de todas las palabras están mi amor y mi cuidado para ustedes. Estén seguros de esto. Regocíjense en esto. *Caminen en mi amor*. Estas palabras significan mucho. Hay un gozo, un manantial, una alegría en el camino de quienes caminan en mi amor. Este camino se convierte en marcha de conquista y triunfo gozosos. Así que caminen.

9 DE SEPTIEMBRE

Cultívense

En tu fuerza conquistamos.

¡Sí! Su poder de conquista lo obtienen de mí. No puede haber fracaso conmigo. El secreto del éxito entonces es la vida junto a mí. ¿Quieren aprovechar al máximo la vida? Entonces vivan cerca de mí, el Maestro y Dador de toda vida.

Su recompensa será segura. Será un éxito perfecto, pero mío.

A veces será el éxito de las almas ganadas, otras veces el éxito de una enfermedad sanada, o de los demonios echados. Otras veces el éxito de un sacrificio completado, como en el Calvario. O el éxito de Aquel que jamás respondió una sola palabra ante el desprecio, la tortura y las burlas de sus enemigos, o el éxito de un Salvador Resucitado que caminó por el Jardín de José de Arimatea esa primera mañana de Pascua.

Pero *es mi* éxito. El mundo juzgará que son fracasos. El mundo no juzga como yo.

Hinquen su rodilla en asombro ante mi revelación. El gozo de ver las verdades espirituales es un gran gozo. Cuando se abren los cielos y habla la Voz, no es a todos los corazones, sino a los corazones fieles, amorosos.

Recuerden que su gran campo de trabajo son ustedes mismos. Esta es su primera tarea, quitar las malezas, plantar, cavar, podar, dar fruto. Una vez hecho esto, les guío a otros campos.

10 DE SEPTIEMBRE

¿Dios o Mamón?

Han de estar listos para apartarse del mundo. ¿Quieren la satisfacción plena, completa, que pueden encontrar en mí, y también la satisfacción del mundo? Entonces están intentando servir a Dios y a Mamón, o si no intentando servir, reclamando el salario de Dios y Mamón por igual.

Si trabajan para mí tienen su recompensa. Pero luego se vuelven hacia el mundo, a los seres humanos, y también esperan recompensa de ellos. Esto no está bien.

No esperen amor, gratitud o reconocimiento de nadie. Toda recompensa necesaria la doy yo.

11 DE SEPTIEMBRE

Dador generoso

Yo he venido para que tengan vida,
y para que la tengan en abundancia.
Juan 10:10

Sí, yo, su Maestro, soy un Dador generoso. Vida abundante, en medida rebosante les doy. Para eso vine. Vida para las almas. La Vida, la vida eterna que pulsa en su ser, es la que anima su cuerpo y mente también.

Dador generoso. Dador majestuoso. Para esto vine, para que el hombre pudiera vivir en mí. De la vida hablaba cuando dije: «Yo soy la vid, vosotros los pámpanos». La vida que fluye de la Vid está en los pámpanos.

Nuestras vidas son una misma... la de ustedes y la mía. Entonces, todo lo que está en mi Naturaleza ha de pasar a la de ustedes, donde el contacto es tan cercano.

Yo soy amor, y gozo y paz, y fuerza y poder, y sanidad y humildad y paciencia, y todo lo demás que ven en mí, su Señor. Por lo tanto estas cosas también han de tenerlas ustedes, porque mi Vida fluye a través de ustedes. Así que, coraje.

Ustedes no se hacen a sí mismos amantes, fuertes, pacientes y humildes. Ustedes viven en mí, y por ello es mi Vida la que logra este cambio milagroso.

12 DE SEPTIEMBRE

EL VALOR DEL DINERO

Mas buscad primeramente el reino de Dios y su justicia, y todas estas cosas os serán añadidas.
MATEO 6:33

Así que, si tu ojo es bueno, todo tu cuerpo estará lleno de luz.
MATEO 6:22

El ojo del alma es la voluntad. Si su único deseo es mi Reino, encontrarlo y servir en él, entonces por cierto todo su cuerpo estará lleno de luz.

Cuando se les dice que busquen primeramente el Reino de Dios, el primer paso es asegurarse de que su voluntad está a favor de ese Reino.

Con los ojos puestos solo en la gloria de Dios. Deseando solamente que venga su Reino. Buscando en todas las cosas el avance de su Reino.

No conozcan más valor que los valores espirituales. No se beneficien sino solo de la ganancia espiritual. En todas las cosas busquen *primeramente* su Reino.

Solo busquen ganancia material cuando signifique ganancia para mi Reino. Aléjense de los valores del dinero por completo. Caminen conmigo. Aprendan de mí. Hablen conmigo. Aquí es donde reside su verdadera felicidad.

13 DE SEPTIEMBRE

Ningún otro nombre

Mi Nombre es el poder que echa al mal, que llama a todo bien en auxilio de ustedes. Los espíritus del mal huyen ante un sonido: «Jesús». Dicho en temor, en debilidad, en pena, en dolor, es un llamado que jamás dejo de responder. «Jesús».

Usen mi Nombre con frecuencia. Piensen en el eterno llamado que los hijos hacen a su madre. «Mamá». Utilicen mi Nombre de esa manera... simplemente, naturalmente, con toda fuerza. «Jesús».

Úsenlo no solo cuando necesiten ayuda, sino para expresar amor. Dicho en voz alta, o en el silencio de su corazón, alterará la atmósfera, convirtiendo la discordia en amor. Elevará el nivel de la conversación y el pensamiento. «Jesús».

«No hay otro nombre bajo el cielo, dado a los hombres, en que podamos ser salvos».

14 DE SEPTIEMBRE

Cuando la fe falla

Creo; ayuda mi incredulidad.
        Marcos 9:24

Este clamor del corazón del hombre es tan expresivo de la necesidad humana como cuando se me dijo mientras estaba en la tierra. El mismo expresa el progreso del alma.

Cuando un alma me reconoce a mí y a mi poder, y me conoce como Auxilio y Salvador, esa alma cree cada vez más en mí. Sin embargo, al mismo tiempo está más consciente que antes de su carencia de confianza absoluta en mí.

«Señor, creo. Ayuda mi incredulidad». El progreso del alma, la fe aumentada... un clamor por más fe, un ruego por conquistar toda incredulidad, toda falta de confianza.

Este ruego es oído. Esta oración es respondida. Más fe y al mismo más poder para ver dónde falta la confianza.

Mis hijos buscan recorrer este camino, el cual lleva con cada paso a estar más cerca de mí.

15 DE SEPTIEMBRE

Fuerza calma

Descansen en mí. Cuando la naturaleza cansada se rebela, necesitan descanso. Descansen entonces hasta que mi vida y mi poder fluyan en ustedes.

No teman al futuro. Estén en calma, quietas, y en esa quietud su fuerza vendrá y se mantendrá. El mundo ve fuerza en la acción. En mi Reino, se sabe que la fuerza reside en la calma. «En quietud y en confianza será vuestra fortaleza».

¡Qué promesa! ¡Qué cumplimiento glorioso! La fuerza de la paz y la paz de la fuerza. Descansen en mí. Gócense en mí.

16 DE SEPTIEMBRE

SEGURIDAD

Y el efecto de la justicia será paz; y la labor de la justicia, reposo y seguridad para siempre.
ISAÍAS 32:17

Mi paz es la que da calma y seguridad para siempre. Mi paz es la que fluye como un calmo río en medio del desierto de la vida. Esto hace que los árboles y las flores de la vida florezcan y rindan fruto en abundancia.

El éxito es el resultado del trabajo hecho en paz. Solo así puede rendir el trabajo abundantemente. Que no haya prisa en sus planes. No viven en el tiempo sino en la eternidad. Es en lo que no se ve donde se planifica el futuro de su vida.

Habiten en mí, y yo en ustedes, y así producirán mucho fruto. Estén en calma, en seguridad, en reposo. Amen, no se apuren. Paz, no inquietud. Nada apresurado. Todo con efecto. Sembrado en oración, regado con confianza, dando flor y fruto en gozo. Los amo.

17 DE SEPTIEMBRE

PASO TITUBEANTE

Muéstranos tu camino, oh, Señor,
y haz que caminemos en tus senderos.

Eso están haciendo. Este es el camino. El camino del futuro incierto y pasos titubeantes. Este es mi Camino…

Dejen de lado el miedo al futuro. *Sepan* que serán guiados. *Sepan* que se les mostrará. Yo lo he prometido.

18 DE SEPTIEMBRE

HABITEN AQUÍ

El que habita al abrigo del Altísimo
morará bajo la sombra del Omnipotente.
SALMO 91:1

Ocultos en un lugar seguro conocido solo por Dios y ustedes. Tan secreto que ningún poder sobre la Tierra puede *encontrarlo*.

Sin embargo, mis amados hijos, deben *habitar* allí. No venir como visita, sino vivir allí. Hacer su hogar allí. Su habitación.

En ese hogar mi Sombra descansará, para hacerlo doblemente seguro, doblemente secreto. Al igual que las alas de la madre pájara, esta Sombra protege. ¡Cuán seguros, cuán protegidos han de sentirse allí!

Cuando el temor les asalte y la preocupación les turbe, es porque han salido fuera de esa Sombra protectora. Entonces lo único que pueden hacer es volver hacia el refugio otra vez. Así que descansen.

19 DE SEPTIEMBRE

GOZO PLENO

Estas cosas os he hablado, para que mi gozo esté en vosotros, y vuestro gozo sea cumplido.
JUAN 15:11

Recuerden que las verdades que les enseño les han sido dadas a ustedes también (como a mis discípulos antaño) con la idea de darles ese gozo que rebosa...

Busquen el gozo en la vida. Persíganlo, búsquenlo, como tesoro oculto. Amor y Risas. Deléitense en el Señor.

Gozo en mí. Gozo pleno fue lo que les desee a mis discípulos. Quise que lo tuvieran. Si hubieran vivido mis enseñanzas de forma absoluta en sus vidas cotidianas, habrían tenido plenitud de gozo.

20 DE SEPTIEMBRE

SABOR Y CONFIANZA

Gustad y ved qué bueno es Jehová.
SALMO 34:8

Él es bueno. Confíen en Él. Sepan que todo está bien. Digan: «Dios es bueno. Dios es bueno». Dejen en sus manos el presente y el futuro sabiendo solo que Dios es bueno. Él puede traer orden del caos, bien del mal, paz del disturbio. Dios es bueno.

Yo y mi Padre uno somos. Uno en el deseo de hacer el bien. Para Dios hacer el bien a sus hijos es compartir su bondad con ellos. Dios es bueno, y anhela compartir su bondad y las cosas buenas con ustedes, *y lo hará.*

Confíen y no teman.

21 DE SEPTIEMBRE

VEAN AL PADRE

Señor, muéstranos el Padre, y nos basta.
JUAN 14:8

Hijos míos, he pasado tanto tiempo con ustedes, viniendo a ustedes, hablándoles, ¿y todavía no han conocido al Padre?

Su Padre es el Dios y Controlador de un poderoso universo. Pero Él es como yo. Todo el amor y la fuerza y la belleza que han visto en mí están en mi Padre.

Si ven eso, y le conocen a Él y a mí como realmente somos, entonces eso les bastará... es realmente suficiente para ustedes... completa su vida, les satisface, es todo lo que necesitan.

Vean al Padre, véanme a mí, y les basta. Esto es amor en abundancia. Gozo en abundancia. Todo lo que necesitan.

22 DE SEPTIEMBRE

TRIBUTO DE GOZO

Jesús, Señor nuestro, te adoramos.

Cántenme con corazón de gozo. Canten y alaben mi Santo Nombre. La alabanza es el tributo de gozo del hombre a mí, y al alabar, el gozo inundará su ser, y aprenderá algo del gozo de las huestes celestiales.

23 DE SEPTIEMBRE

VUÉLVANSE OTRA VEZ

Acercaos a Dios y él se acercará a vosotros.
SANTIAGO 4:8

Esto es una ley en la vida espiritual. Han de volverse a mí antes de estar conscientes de mi cercanía. Es ese volverse a mí lo que han de cultivar en toda circunstancia. Un gozoso acercamiento de agradecimiento, o un débil llamado.

Es tan maravilloso que no hace falta más que ese mudo llamado. No necesitan voz para expresar su anhelo. No hace falta rogar, ni traer ofrendas.

Cuán maravilloso es sentir que pueden pedir ayuda con tanta sencillez, y que tan pronto, de forma tan amorosa, esté allí.

No solo ayuda, sino el consuelo y el gozo de la cercanía y la compañía divina. Una cercanía que trae dulzura a la vida, y confianza y paz.

Nunca teman, jamás se descorazonen. Acérquense a mí, y en esa cercanía está todo lo que necesitan. Solamente mi presencia puede transformar condiciones y vidas... traer armonía y belleza, paz y amor.

24 DE SEPTIEMBRE

APRENDAN DE MÍ

Señor, ¿a quién iremos? Tú tienes palabras de vida eterna.
JUAN 6:68

Aprendan de mí y de nadie más. Los maestros han de señalar el camino hacia mí. Después de eso, han de aceptarme a mí, el Gran Maestro.

Las palabras de vida eterna son todas las palabras que controlan su ser, incluso su vida temporal. Tómenlas de mí también. No teman. Permanezcan en mí y acepten mis reglas.

Llénense de gratitud. Que sus oraciones se eleven en alabanza al cielo. Consideren todo lo que suceda como parte de mi Plan. Todo está bien. Tengo todo preparado en mi amor. Que su corazón cante.

25 DE SEPTIEMBRE

VENGAN Y QUÉDENSE

*Venid a mí todos los que estáis trabajados y cargados,
y yo os haré descansar.*
MATEO 11:28

Sí, vengan a descansar. Pero también quédense para descansar. Dejen todo apuro febril, y sean calmos, imperturbables. Vengan a mí no solo por peticiones que desean sino por la cercanía a mi persona.

Estén seguros de mi ayuda, estén concientes de mi presencia, y esperen hasta que mi reposo llene su alma.

El reposo no conoce el miedo. El reposo no conoce la carencia. El reposo es fuerte, seguro. El descanso de suaves praderas y ríos que fluyen pacíficamente, de colinas sólidas, inamovibles. Descansen, y todo lo que necesitan para obtener este reposo vendrá de mí. Así que, vengan.

26 DE SEPTIEMBRE

SIRVAN A TODOS

Yo estoy entre ustedes como servidor.

¡Sí! Recuerden servir a todos. Estén dispuestos a probar que son mis hijos a través del servicio. Vean a todos como invitados en la casa de su padre, y trátenles con amor, con toda consideración, con amabilidad.

Como sirviente de todos, jamás sientan que alguna tarea es inferior a ustedes. Estén siempre listos para hacer todo lo que puedan por los demás. Sirvan, sirvan, sirvan.

Hay gozo en el servicio, el gozo de hacer mi Voluntad sirviendo a los demás, de ser mi expresión de todo bien para ellos.

Recuerden que cuando sirven a los demás están actuando para su maestro y Señor, que lavó los pies de sus discípulos. Así, en el servicio a los demás, expresen su amor por mí.

27 DE SEPTIEMBRE

DIVINO FRENO

¿Es que mi mano se acorta y no puede salvar? ¡No! Mi poder para salvar aumenta a medida que aumenta el poder de ustedes para entender mi Salvación. Así de fuerza en fuerza, de poder en poder, vamos unidos.

Mi poder de obrar milagros no tiene límites en el universo, aunque sí los tiene en cada vida individual, pero solo en tanto esa persona carezca de visión. No hay límite para mi poder de salvación. Tampoco hay límite para mi deseo y anhelo de salvar. Mi mano no se acorta, sino que «se extiende aun más» anhelando y esperando que se me permita bendecir, ayudar, salvar.

Piensen en lo tiernamente que respeto el derecho de cada alma individual. Jamás impongo sobre ella mi ayuda, mi salvación. Quizá en todo mi sufrimiento por la humanidad esta es la parte más difícil, el freno a la Divina Impaciencia, al anhelo de ayudar, hasta que el llamado de esa alma me concede mi derecho a actuar.

Piensen en el amor que se muestra en esto. Consuelen mi espera, mi corazón que ama y anhela, clamando por mi ayuda, mi guía, mi poder de obrar milagros.

28 DE SEPTIEMBRE

EL SENDERO SECRETO

Deja ahora, porque así conviene que cumplamos toda justicia.
MATEO 3:15

En esto fundé mis tres años de misión en la tierra, en la aceptación de la dificultad y la disciplina de la vida, para así compartir esa vida humana con mis seguidores a lo largo de los siglos.

Mucho a lo que ambas han de acceder en la vida no ha de ser aceptado como necesario para ustedes personalmente, sino aceptado —como lo acepté yo— para dar ejemplo, para compartir los sufrimientos y dificultades de la humanidad.

En esto «compartir» significa «salvar». Y aquí también, para ustedes dos... ha de cumplirse lo mismo que se cumplió conmigo. «A otros salvó, a sí mismo no se puede salvar».

Amadas, son llamadas a salvar y a compartir de manera muy especial. El camino del dolor, si lo caminan conmigo, el Varón de dolores, es un camino que se mantiene sagrado y secreto para mis más amados, los que solo desean hacerlo todo por mí, sacrificarlo todo por mí, contando, como lo hizo mi siervo Pablo «todas las cosas como pérdida ... para ganar a Cristo».

Pero, aunque este Camino se vea oscuro y triste para quienes lo ven solo desde lejos, tiene luces tiernas y sombras de reposo como ningún otro camino de la vida puede ofrecer.

29 DE SEPTIEMBRE

Toco tu brazo

Tu toque conserva su antiguo poder.

¡Sí! Cuando están quietas ante mí pongo mi mano sobre cada cabeza, y el Espíritu Divino fluye a través de ese toque poderoso y sanador hacia lo más profundo de su ser. Esperen en silencio ante mí para sentir eso.

Cuando me buscan para que les guíe, mi mano está sobre su brazo, para indicar el camino con toda suavidad. Cuando en debilidad mental, física o espiritual claman a mí por sanidad, mi toque trae fuerza y salud, la renovación de su juventud, el poder de escalar y esforzarse.

Cuando desmayan junto al camino, con paso que flaquea y muestra que la fuerza humana desmaya, mi toque de mano fuerte y de auxilio las sostiene para que puedan seguir avanzando.

¡Sí, hijas mías, mi toque sigue teniendo su antiguo poder, y este poder les es prometido! Así que avancen hacia el futuro, sin miedo y con valentía.

30 DE SEPTIEMBRE

SABIDURÍA

Tendrás la fuerza necesaria para cada día.

Les he prometido que para cada día que vivan, tendrán la fuerza necesaria. No teman.

Enfrenten cada dificultad seguros de que la sabiduría y la fuerza les serán dadas para poder continuar. Reclámenlas.

Apóyense en mí, confiando en que cumpliré esta promesa mía. En mi universo, para cada tarea encomendada a cada uno de mis hijos, se ha apartado todo lo necesario para su cumplimiento. ¿Por qué temer entonces? ¿Por qué dudar?

1 DE OCTUBRE

SECRETO DE LA PROSPERIDAD

Mirad a mí, y sed salvos, todos los términos de la tierra,
porque yo soy Dios, y no hay más.
ISAÍAS 45:22

No busquen otra fuente de salvación. Solo a mí. No vean otra provisión. Mírenme y serán salvados. Considérenme su única provisión. Ese es el secreto de la prosperidad, y a su vez, salvarán a muchos de la pobreza y la angustia.

Ante cualquier peligro, acudan a mí... Ante cualquier deseo o necesidad, o deseo o necesidad para otros, acudan a mí. Reclamen todo lo que tengo guardado para ustedes. Reclamen, reclamen, reclamen.

Recuerden que alimenté a los hijos de Israel con maná enviado desde el cielo. Abrí un camino en el Mar Rojo para que pudieran pasar. Los guie en el desierto de la privación, de la dificultad, de la disciplina. Los guie hacia una tierra donde fluían la leche y la miel. Así que confíen. Dejen que yo les guíe.

Regocíjense. Estos son sus días del desierto. Pero es seguro y cierto que están siendo guiados a su Canaán de la abundancia.

2 DE OCTUBRE

MANSEDUMBRE SINCERA

¡Cuán fácil es guiar cuando responde a mi deseo! Los dolores de la vida solo sobrevienen cuando ustedes, o aquellos a quienes aman, buscan andar por sus propios caminos, resistiéndose a la presión de mi mano.

Pero al querer mi Voluntad, ha de haber gran alegría. Deléitense en hacer esa voluntad.

«Los mansos heredarán la tierra», dije. Es decir, controlarán a otros y a las fuerzas materiales de la tierra.

Pero este estado exaltado de posesión resulta de una *voluntad entregada*. Ese es mi significado de la palabra *manso*.

Así que vivan. Así que entréguense. Así que conquisten.

3 DE OCTUBRE

Bendita seguridad

*Y el efecto de la justicia será paz; y la labor de la justicia,
reposo y seguridad para siempre.*
Isaías 32:17

Estén quietos y sepan que yo soy Dios. Solo cuando el alma consigue esta calma puede hacerse la obra de veras, y la mente, el alma y el cuerpo pueden tener la fuerza para conquistar y soportar.

La paz es la obra de la justicia al vivir la vida correcta, al vivir conmigo. La calma y la seguridad le siguen.

La seguridad es la calma que nace de la profunda certeza en mí, en mis promesas, en mi poder para salvar y guardar. Obtengan esta calma, y consérvenla a toda costa. Descansen en mí. Vivan en mí. Calmos, quietos, callados, seguros... en paz.

4 DE OCTUBRE

Todo lo que desean

*No hay parecer en él, ni hermosura; le veremos,
mas sin atractivo para que le deseemos.*
Isaías 53:2

Hijos míos, en este versículo mi siervo Isaías habló de la maravillosa iluminación que se le dio a los guiados por el Espíritu.

A los que no me conocen, no hay nada en mí que les atraiga.

Para los que me conocen, no hay nada más que puedan desear. «Mas sin atractivo para que le deseemos».

¡Oh! Hijos míos, vengan bien cerca de mí. Véanme como soy en realidad, para que siempre puedan tener el gozo de encontrar en mí todo lo que pudieran desear. El cumplimiento de todo lo que podrían desear en un Maestro, Señor o Amigo.

5 DE OCTUBRE

NO HAY ENCUENTROS CASUALES

Jehová guardará tu salida y tu entrada desde ahora y para siempre.
SALMO 121:8

Todos sus movimientos, sus idas y venidas, controladas por mí. Cada visita, todo bendecido por mí. Cada camino arreglado por mí. Una bendición sobre todo lo que hagan, sobre cada entrevista.

Cada encuentro no por casualidad, sino planeado por mí. Todo bendecido.

No solo ahora, en la hora de su dificultad, sino a partir de ahora y por siempre.

Guiados por el Espíritu, una prueba de su condición de hijos. «Todos los que son guiados por el Espíritu de Dios, éstos son hijos de Dios», y si hijos, entonces herederos... herederos de Dios.

¡Qué herencia! Herederos... sin que se les pueda desheredar. «Herederos de Dios y coherederos con Cristo, si es que padecemos juntamente con él, para que juntamente con él seamos glorificados».

Así que su sufrimiento tiene su propósito. Es prueba de su condición de hijos. Lleva a la perfección del carácter (el ser glorificados), y también a la unión conmigo, Dios. Piensen en esto y descansen en tal éxtasis.

6 DE OCTUBRE

La mano de un niño

Querido Señor, nos aferramos a ti.

Sí, aférrense. Su fe será recompensada. ¿No saben acaso lo que significa sentir la manito confiada de un niño en la suya, conocer la confianza de un niño?

¿No les inspira amor y deseo de proteger, de guardar? Piensen en lo que siente mi corazón, cuando en su debilidad se vuelven a mí, aferrándose, deseando mi amor y protección.

¿Le fallarían a ese niño, débiles y faltos como son ustedes? ¿Podría fallarles yo? Sepan que no es posible. Sepan que todo está bien. No deben dudar. Deben estar seguros. No hay milagro que yo no pueda obrar, no hay nada que no pueda hacer. No hay rescate de último momento que no pueda lograr.

7 DE OCTUBRE

Regocíjense en la debilidad

Salvador, respira perdón sobre nosotros.
Conoces todas nuestras debilidades.

¡Sí, yo lo sé todo! Conozco cada grito pidiendo misericordia. Cada suspiro de cansancio. Cada ruego de auxilio. Cada pena por causa del fracaso. Cada debilidad.

Estoy con ustedes en todo. Mi tierna comprensión es de ustedes. Mi fuerza es de ustedes.

Regocíjense en su debilidad, hijos míos. Mi fuerza es hecha perfecta en la debilidad. Cuando son débiles, yo soy fuerte. Fuerte para auxiliar, para curar, para proteger.

Confíen en mí, hijos míos. Lo sé *todo*. Estoy junto a ustedes. Fuerte, fuerte, fuerte para salvar. Apóyense en mi amor, y sepan que todo está bien.

8 DE OCTUBRE

LOS LUGARES OSCUROS

Jesús, la sola idea de ti nos llena de dulzura.

Sí. Ámenme hasta que la sola idea de mí signifique gozo, éxtasis. Alegría al pensar en Aquel que está cerca y es muy amado.

El pensar en mí es el bálsamo para todas las penas. La sanidad para toda dolencia física, mental y espiritual que siempre podrán encontrar pensando en mí, hablando de mí.

¿Hay duda y temor en su corazón? Entonces, piensen en mí, háblenme. En lugar de esos miedos y dudas fluirá hacia sus corazones, hacia su ser, un gozo tan dulce como no hay en la tierra.

Esto no falla. Jamás lo pongan en duda. Coraje. Coraje. Coraje. No teman a nada. Regocíjense aun en los lugares más oscuros. Regocíjense.

9 DE OCTUBRE

ÁMENME MÁS

Jesús, nuestro Señor, te adoramos.
¡Oh! haz que te amemos más y más.

¡Sí! Les atraeré cada vez más cerca de mí con vínculos de amor. El amor del pecador por el Salvador, del rescatado por el Rescatador, de la oveja por el amoroso Pastor, del niño por su Padre.

¡Hay tantos lazos de amor que les atan a mí!

Cada una de las experiencias en su vida, de gozo, de pena, de dificultad o éxito, de tribulación o calma, de peligro o seguridad, cada una de ellas demanda algo de mí en particular. Cada una sirve para responder a la oración: «Haz que te ame más y más».

10 DE OCTUBRE

TRABAJO EXTRA

Nuestro Señor y nuestro Dios. Ayúdanos de la pobreza
a la abundancia. De la inquietud al reposo, de la pena al gozo,
de la debilidad al poder.

Yo soy su Auxilio. Al final de su camino actual están todas estas bendiciones. Así que confíen y sepan que los estoy guiando.

Pisen con paso firme de confianza en mí al iniciar cada día que les es incierto. Tomen cada deber y cada interrupción como enviadas por mí.

Son mis siervos. Sírvanme con la simpleza, la alegría y la disposición con que esperan que otros les sirvan a ustedes.

¿Culpan al siervo que evita el trabajo extra, que se queja porque ha de dejar una tarea para hacer otra que no le gusta tanto? ¿Sienten que no les sirve bien?

¿Qué hay de mí entonces? ¿No es que me sirven de ese modo muchas veces? Piensen en esto. Pónganlo en su corazón, y vean la tarea de cada día a la luz de esto.

11 DE OCTUBRE

Vergüenza y angustia

Bendeciré a Jehová en todo tiempo;
su alabanza estará de continuo en mi boca ...
Busqué a Jehová, y él me oyó, y me libró de todos mis temores.
Los que miraron a él fueron alumbrados,
y sus rostros no fueron avergonzados.
Salmos 34:1, 4-5.

Vean, hijos míos, que aun en la angustia, el primer paso es adorar. Antes de clamar en angustia, bendigan al Señor; incluso cuando la tribulación parezca imposible de sobrellevar.

Este es mi orden divino de acercamiento. Observen esto siempre. En la mayor angustia, busquen hasta encontrar motivo para agradecer. Luego bendigan y agradezcan.

Habrán abierto entonces una línea de comunicación conmigo. Por esta línea hagan que su clamor de angustia llegue a mí.

Encontrarán que yo hago mi parte, y la liberación será cierta. ¡Oh, la alegría del corazón! Se sentirán aliviados, su carga será apartada como resultado de buscarme a mí.

La vergüenza y la angustia también desaparecerán. Ese es siempre el segundo paso. Primero, en rectitud conmigo, y luego en rectitud también a los ojos de los hombres.

12 DE OCTUBRE

SON MI GOZO

Tuyos eran, y me los diste, y han guardado tu palabra.
JUAN 17:6

Recuerden que así como agradecen a Dios por mí, también yo le agradezco a Dios por su regalo a mí: ustedes. En esa hora de mi agonía en la tierra, una nota de gozo resonaba en medio del dolor. El pensamiento de las almas que mi Padre me dio, y que habían guardado mi Palabra.

No habían hecho grandes cosas aún, como sucedió más tarde, por mí y en mi Nombre. Eran simples hacedores de mi Palabra, no solo oyentes. En sus tareas cotidianas, en sus modos y caminos, guardaban mi Palabra.

Ustedes también pueden traer gozo a mi corazón mediante el servicio fiel. El servicio fiel en las pequeñas cosas. Sean fieles.

Hagan sus tareas simples para mí.

13 DE OCTUBRE

HABILIDAD DEL ESCULTOR

Señor, creemos, ayuda a nuestra incredulidad.
Señor, oye nuestras oraciones y
haz que nuestro clamor llegue a ti.

En el camino de la alabanza, como les dije. ¡Sí! Ayudaré a su incredulidad, y en respuesta a sus oraciones les otorgaré una fe muy grande, una que crecerá tanto que cada día podrán mirar hacia atrás desde un lugar de mayor visión, y verán que la fe del día anterior era casi incredulidad.

La belleza de mi Reino es su crecimiento. En ese Reino siempre hay progreso, un ir de fuerza en fuerza, de gloria en gloria. Estén en mi Reino, y sean de mi Reino, y no podrá haber estancamiento. La vida eterna, abundante, es prometida a todos lo que están en él y son de él.

No habrá tiempo perdido debido a los fracasos y defectos. Cuenten las lecciones que aprenden de ellos como escalones en la escalera. Suban y luego echen fuera todo pensamiento de cómo se construyó ese escalón. De gozo o pena, de fracaso o éxito, de heridas o bálsamo sanador. ¿Qué importa, hijos míos, en tanto haya servido a un propósito?

Aprendan otra lección. El escultor que encuentra un mármol que tiene defectos lo descarta. Como no está moldeado, este puede considerarse a sí mismo como perfecto, y quizá mire con desprecio al mármol que el Escultor esculpe y modela hasta la perfección. De esto, hijos míos, aprendan una lección para sus vidas.

14 DE OCTUBRE

EL SACRIFICIO

He aquí el cordero de Dios, que quita el pecado del mundo.
JUAN 1:29

«Nuestra pascua, que es Cristo, ya fue sacrificada por nosotros». Soy el Cordero de Dios. Echen sobre mí sus pecados, sus fracasos, sus defectos. Mi sacrificio ha traído perdón para todo ello. Soy el mediador entre Dios y el hombre, el Hombre Cristo Jesús.

No habiten en el pasado. Con esto hacen que mi sacrificio no signifique nada, no tenga efecto alguno.

¡No! Sepan que en mí tienen todos completo perdón, completo compañerismo, completa sanidad.

15 DE OCTUBRE

SIENTAN ABUNDANCIA

Vivan en mi Lugar Secreto, y sentirán plena satisfacción. Han de sentir abundancia. Dios tiene reservado mucho en medida rebosante, pero han de percibirlo en sus mentes.

Estén seguras de esto antes de poder materializarlo.

Piensen pensamientos de abundancia. Véanse como hijas de un Rey. Se los he dicho antes. Deseen abundancia para sí mismas, y para todos aquellos a los que aman y desean ayudar.

16 DE OCTUBRE

EL DIOS PRISIONERO

Señor Nuestro, te alabamos y bendecimos
tu Nombre por siempre.

¡Sí! Alaben. En ese momento, en el lugar más difícil, su pena se convierte en gozo, su preocupación en alabanza, las circunstancias externas cambian del desorden al orden, del caos a la calma.

El comienzo de toda reforma ha de estar en ustedes mismos. No importa cuán limitadas sean sus circunstancias, cuán poco puedan solucionar respecto de sus finanzas, siempre podrán recurrir a sí mismos y ver que algo no está en orden allí, y buscar corrección para ello.

Como toda reforma es desde dentro hacia fuera, encontrarán siempre que lo externo también ha mejorado. Hacer esto es liberar al Dios prisionero... el poder que está dentro de ustedes.

Ese poder, cuando comienza a operar, inmediatamente obrará milagros. Entonces su duelo se convertirá en gozo.

17 DE OCTUBRE

FE-VISIÓN

Vuelvan sus ojos a mí. Apártenlos del entorno sórdido, de la falta de belleza, de la imperfección en ustedes y en quienes les rodean. Entonces aquellos que tengan la fe-visión, verán todo lo que podrían desear, lo que desean, en mí.

En su inquietud vean mi calma, mi reposo. En su impaciencia, mi inquebrantable paciencia. En su falta y limitación, mi perfección.

Al mirarme se irán transformando para ser como yo, hasta que los hombres digan de ustedes también que han estado con Jesús.

Al ser como yo podrán hacer todas las cosas que hago, y obras más grandes aun porque voy con mi Padre.

Desde ese lugar de permanencia, que no conoce las limitaciones humanas, puedo darles el poder obrador de milagros, que todo lo conquista, el poder de un Hermano y Aliado divino.

18 DE OCTUBRE

Soledad

Entonces todos los discípulos, dejándole, huyeron.
Marcos 14:50

A lo largo de los siglos todos los actos simples de firme devoción, de obediencia en la dificultad, de amoroso servicio, han sido tomados por mí como conciliación por la soledad que mi humanidad sufrió a causa de ese abandono.

Sin embargo yo, quien había llegado a conocer plenamente el anhelo del Padre por salvar y el rechazo que los hombres le hicieron sufrir, malinterpretando su propósito y su plan, ¿cómo podría pensar que no habría de sufrir también tal abandono?

Aprendan, hijos míos, dos lecciones de estas palabras. Primero, aprendan que sé lo que significa la soledad y el abandono. Aprendan que cada acto de fidelidad de parte de ustedes es consuelo para mi corazón. Aprendan también que fue a los desertores a quienes les di la tarea de llevar mi mensaje a la humanidad. A estos desertores, a los temerosos, les di mi poder para sanar, para resucitar.

Los éxitos de la tierra no son los que yo uso para la gran obra de mi Reino. «Todos ... dejándole, huyeron». Aprendan mi tierno entendimiento y perdón de la fragilidad humana. No es sino hasta que el hombre ha fracasado que aprende la sincera humildad. Y son solo los humildes los que pueden heredar la tierra.

19 de octubre

Oigan mi respuesta

Señor, oye nuestra oración, y que nuestro clamor llegue a ti.

El clamor del alma humana jamás es desoído. Nunca sucede que Dios no oiga el clamor, sino que el hombre no llega a oír la respuesta.

Como las partes de una máquina encajan entre sí y funcionan en perfecta armonía, así el grito humano es correspondido por la respuesta de Dios.

Sin embargo, el hombre ve su clamor como si fuera algo aislado, algo que Dios puede oír o no según le plazca, sin ver que la respuesta está allí, desde toda la eternidad, esperando por el clamor, y que es solo porque el hombre no obedece o no escucha que no llega a conocer la respuesta, sin ser salvo ni auxiliado por ella.

20 de octubre

No hay carga que enoje

Nuestro Señor y Dios. Que se haga en nosotros según tu Palabra.

La simple aceptación de mi voluntad es la llave a la revelación divina. De ello resultará tanto la santidad como la felicidad. El camino a la cruz puede ser un camino de dolor, pero a su paso la carga del pecado y el deseo de la tierra es echada fuera.

El yugo de mi aceptación de la voluntad de mi Padre en todas las cosas se ajusta a los hombros de mis siervos, y desde ese momento, ninguna carga enoja ni presiona.

No es solo en las grandes decisiones de la vida que han de aceptar con agrado mi voluntad. Intenten ver en cada interrupción, en cada tarea por pequeña que sea, el mismo cumplimiento de la intención divina.

Acéptenlo. Digan gracias. Háganlo hasta que se haga un hábito, y el gozo resultante transfigurará y transformará sus vidas.

21 DE OCTUBRE

BANQUETE DE AMOR

He aquí, yo estoy a la puerta y llamo; si alguno oye mi voz y abre la puerta, entraré a él, y cenaré con él, y él conmigo.
APOCALIPSIS 3:20

Ven, hijos míos, llamar a la puerta no es mérito de ustedes, aunque sí lo es la respuesta al anhelo que mi corazón siente, y la respuesta con corazón anhelante.

Escuchen, manténganse escuchando. «Si alguno oye mi voz». Otra vez, no es mérito de ustedes. Solo el oído dispuesto y atento me escucha, y percibe el sonido de mi suave llamado.

Por lo tanto, escuchen: «Si alguno oye mi voz y abre la puerta, entraré a él, y cenaré con él, y él conmigo».

¡Qué banquete! ¡Piensen qué gozo hubiera sido estar en las bodas de Caná de Galilea, o haber sido uno de mis discípulos en el Aposento Alto, o encontrarse junto a mí en la Última Cena, o ser uno de los dos en el camino a Emaús, o uno de los pocos para quienes preparé ese banquete junto al lago!

Y sin embargo, en cada uno de estos banquetes provistos por Dios, con la compañía de Dios, no habrían conocido lo que podrán conocer al oír el llamado y la voz, y al abrir para darme la bienvenida a mi banquete.

Un banquete de tierno compañerismo, de sustento divino, de veras un banquete de amor.

22 DE OCTUBRE

CONSTRUYAN HOGARES

Están construyendo una fe inquebrantable. Ahora también equipen los rincones de sus almas.

Llénelos con todo lo que sea armonioso y bueno, hermoso y perdurable.

Con su hogar construido en el Espíritu, el tiempo de espera será tiempo bien empleado.

23 DE OCTUBRE

COLINA DE SACRIFICIO

Han de confiar hasta el final. Han de estar dispuestos a seguir confiando hasta la última hora.

Han de saber, aun cuando no puedan *ver*... Han de estar dispuestos, como mi siervo Abraham, a subir la Colina del Sacrificio, a continuar hasta el último momento, hasta ver mi liberación.

Esta prueba final ha de llegar a todos los que caminan por fe. Han de confiar *solamente* en mí.

No busquen otro brazo; no busquen otra ayuda. Confíen en las fuerzas del Espíritu de lo que no se ve, no en lo que ven. Confíen y no teman.

24 DE OCTUBRE

LA SAL DE LA TIERRA

Nuestro Señor, te bendecimos y te agradecemos por tu poder que nos guarda.

¡Sí! «Guardados por el poder de Dios» es una promesa, una seguridad que presenta gozo y belleza al alma que cree.

Una protección que significa seguridad, maravillosa seguridad. También una protección que implica vida, frescura, pureza, el ser apartados de la suciedad del mundo.

Y la protección que aseguro a aquellos a quienes me refiero como la sal de la tierra.

«Vosotros sois la sal de la tierra; pero si la sal se desvaneciere, ¿con qué será salada? No sirve más para nada, sino para ser echada fuera y hollada por los hombres».

Solo en el contacto íntimo conmigo se cumple este poder de protección. Este poder que mantiene la sal fresca y con sabor, que la preserva de la corrupción, para que a su vez preserve a esa porción del mundo donde la ubico.

¡Qué obra! No es por actividad en este caso, sino simplemente por existir, por su calidad.

25 de octubre

Sin desempleo

El camino de la conquista sobre lo material, lo temporal, que todos mis discípulos debieran conocer, se aprende por medio de la conquista de lo físico, del yo, en cada uno de ustedes.

Busquen, en todas las cosas, conquistar. Tomen esto como una guía muy definida. Las circunstancias son adversas. El poder temporal, como el dinero, necesita estar disponible.

Busquen entonces a diario cada vez más la obtención de esta conquista de sí mismos, y por cierto ganarán, aunque no lo vean, la conquista por sobre las fuerzas y poderes temporales.

No habría más desempleo si el hombre viera esto.

Si alguno no tiene trabajo, que haga de sí mismo una fuerza de conquista, comenzando por la conquista de todo lo malo en sí mismo, luego en su hogar, y después a su alrededor. Habrá llegado a ser entonces una fuerza necesaria, y que *debe* emplearse.

No hay horas de ocio en mi Reino. Esperar puede parecer un tiempo de inactividad, según lo considera el mundo externo, pero puede y debe ser un tiempo de gran actividad en la vida interior, así como en el plano material que le rodea.

26 de octubre

Desertores

Han de creer plenamente. Mi amor no puede aceptar menos que eso. A menudo me siento «herido en casa de mis amigos». ¿Creen que las escupidas y el desprecio de mis enemigos, las burlas, me lastimaron? ¡No!

«Todos ... dejándole, huyeron». «No lo conozco». Esto sí dejó cicatrices.

Así que ahora no es el descreimiento de mis enemigos lo que duele, sino que mis amigos, que me aman y me conocen, no puedan caminar todo el camino conmigo, y que tengan dudas de que mi poder pueda hacer todo lo que dije que haría.

27 DE OCTUBRE

DÍAS DE CONQUISTA

Veo el amor, la lucha, no los defectos. Veo la conquista de su batalla particular. La cuento como victoria, alegre victoria. No lo comparo con las hazañas de mis grandes santos.

Para ustedes esta es una victoria, y los ángeles se regocijan, y sus seres queridos de regocijan, como en cualquier conquista que se nota y produce regocijo en el cielo.

Hijos míos, cuenten los días de conquista como días de gran bendición.

28 DE OCTUBRE

FELICES SORPRESAS

Nuestro Señor, sabemos que todo está bien.
Confiamos en ti para todo. Te amamos cada vez más.
Nos inclinamos ante tu voluntad.

Inclínense no como quien se resigna a recibir un golpe fuerte, lo como aceptando una decisión inevitable.

Inclínense como lo hace un niño, en anticipación de una feliz sorpresa que le prepara alguien que lo ama.

Inclínense de modo tal que solo esperen oír la palabra amorosa que les indica levantar su cabeza para ver la gloria, el gozo y la maravilla de su sorpresa.

29 DE OCTUBRE

DESCUENTEN EL DINERO

Jamás cuenten el éxito según el dinero ganado. Esa no es la mentalidad de mi Reino. Su éxito es la medida de mi voluntad y mi mente, según la han revelado a quienes les rodean.

Su éxito es la medida de mi voluntad que aquellos que les rodean han visto obrar en sus vidas.

30 DE OCTUBRE

LA LECCIÓN MÁS DURA

Esperen, y verán el gozo de quien puede estar en calma esperando, sabiendo que todo está bien. La última lección, la más dura, es la de esperar. Así que esperen.

Podría decir casi esta noche: «Perdónenme, hijos, porque permito que lleven esta carga extra, aun por tan poco tiempo».

Les haría saber que desde el momento en que pusieron todo en mis manos, sin buscar otra ayuda, desde ese momento he tomado el camino más rápido posible para obrar su salvación y liberarlos.

Hay tanto que les he tenido que enseñar para evitar un futuro desastre. El Amigo con quien están junto a la tumba del fracaso, de la ambición muerta, de los deseos renunciados, ese es un Amigo para todos los tiempos.

Utilicen este tiempo de espera para consolidar la amistad conmigo y para aumentar su conocimiento de mí.

31 DE OCTUBRE

LA VOZ NUEVAMENTE

Lámpara es a mis pies tu palabra, y lumbrera a mi camino.
SALMO 119:105

¡Sí! Mi Palabra, las Escrituras. Léanlas, estúdienlas, guárdenlas en sus corazones, úsenlas como lámpara para guiar sus pasos.

Pero recuerden, hijos míos, mi Palabra es aun más que eso. Es la Voz que habla a sus corazones, esa conciencia interna que les habla de mí.

Es la Voz que les habla de forma íntima, personal, en esta hora sagrada de la noche. Es aun más que eso. Soy yo, su Señor y Amigo.

«Y aquel Verbo fue hecho carne, y habitó entre nosotros». En verdad una lámpara a sus pies y luz a su camino.

1 DE NOVIEMBRE

ORACIÓN DE GOZO

*El gozo es el mensajero, querido Señor,
que te lleva nuestras oraciones.*

La oración puede ser como el incienso, que se eleva más y más alto, o puede ser como la bruma, pesada, que jamás se eleva.

El Ojo que todo lo ve, el Oído que todo lo oye, *conoce cada grito*.

Pero la oración de fe verdadera es una oración de gozo, que ve y conoce al corazón de amor que saluda al elevarse, y que también está segura de la gozosa respuesta.

2 DE NOVIEMBRE

GASTEN

Den, den, den. Mantengan siempre una vasija vacía para que yo la llene. En el futuro usen todo para mí, y den todo lo que no pueden usar. ¡Qué pobre muere el que deja riqueza! La riqueza está en usar, gastar, para mí.

Usen. Deléitense en usar.

3 DE NOVIEMBRE

No hay límite

Provisión ilimitada, esa es mi ley. ¡Oh, la provisión ilimitada!, y ¡oh, los canales pobres, bloqueados! ¿Podrán sentir ustedes esto, que no hay límite a mi poder?

El hombre pregunta, y blasfema al preguntar tantas cosas malas. ¿No ven cómo me lastiman? Deseo darles un regalo, y si están tan satisfechos con lo pobre, lo malo, lo sórdido, entonces me insultan a mí, el Dador.

«Pedid, y se os dará». ¿Cómo puedo cumplir la promesa? Ese es mi trabajo, no el de ustedes... Tengan gran fe y esperen grandes cosas, y grandes cosas se les darán.

4 DE NOVIEMBRE

Estoy a su lado

En tu presencia hay plenitud de gozo;
delicias a tu diestra para siempre.
SALMO 16:11

No busquen concretar esta plenitud de gozo como resultado del esfuerzo. No ha de ser así, como tampoco puede el gozo ante la presencia de un amigo humano llegar como resultado de intentar obligarse a sí mismos a desear tener a este amigo junto a ustedes.

Digan con frecuencia mi Nombre: «Jesús».

Al decir mi Nombre, no me están llamando. Porque estoy junto a ustedes. Pero sí quitan las escamas de sus ojos, y me ven.

Es como cuando la presión de la mano de un ser amado convoca a una presión similar en respuesta, y se siente gozo, una profunda, real y gozosa sensación de cercanía.

5 DE NOVIEMBRE

SEGUNDO ADVENIMIENTO

Jesús, Consolador de todos los que sufren, ayúdanos a traer tu consuelo a cada corazón, a cada vida en la que anhelas expresar ese consuelo a través de nosotros. Úsanos, Señor. Los años pueden ser muchos o pocos. Ubícanos donde mejor podamos servirte e influir más en tu nombre.

El mundo llegaría a mí tan pronto, tan pronto, si tan solo todos los que me reconocen como Señor, como Cristo, se entregaran sin reservas para que yo los utilizara.

Podría utilizar a cada cuerpo humano con el mismo poder con que usé mi propio cuerpo humano como canal de amor y poder divinos.

Yo no demoro mi segunda venida. Son mis *seguidores* quienes la demoran.

Si cada uno viviera para mí, por mí, en mí, permitiéndome vivir en él, usándolo para expresar lo divino a través de él como lo expresé cuando estaba en la tierra, entonces hace mucho ya que el mundo se habría acercado a mí, y yo podría haber venido a reclamar a los míos.

Así que, hijos míos, vivan sin conocer otro deseo más que el de expresarme y mostrar mi amor al mundo.

6 DE NOVIEMBRE

DIOS EN ACCIÓN

El poder no es una fuerza tan sobrecogedora como parece, algo que uno puede llamar para que intervenga en las crisis. ¡No! *El poder es solo Dios en acción.*

Por eso, cada vez que un siervo mío, aun siendo débil humanamente, permite que Dios obre a través de él, entonces todo lo que hace será *poderoso.*

Lleven este pensamiento con ustedes a lo largo de los días en los que parece que logran poco. Intenten ver que no se trata de ustedes, sino del Espíritu Divino en ustedes. Todo lo que tienen que hacer, como les he dicho antes, es echar fuera al ego. El hacha poderosa en la Mano Maestra logra mucho. Tal cosa en la mano de un débil niño nada logra. Así que vean que no es el instrumento, sino la Mano Maestra blandiendo el instrumento, lo que cuenta.

Recuerden que no se pierde ni un día, no pasa un día siquiera sin que se aclare alguna verdad espiritual. No se pierde un día siquiera de los que ustedes me dan para usar. Quizá no vean cómo lo uso. Déjenme eso a mí. Permanezcan en mí, y yo en ustedes, y darán mucho fruto. El fruto no es obra de las ramas, aunque las ramas lo ostenten con orgullo. Es la obra de la Vid, que envía su savia dadora de vida por esas ramas. Yo soy la Vid, ustedes son las ramas.

7 DE NOVIEMBRE

EL EGO MATA AL PODER

Al permanecer en mí, desear solo mi Voluntad y hacer mi obra, mi Espíritu no puede dejar de pasar por el canal de sus vidas hacia la vida de otros.

Muchos piensan que es humildad decir que hacen poco, y que son de poco valor para mi mundo. Pensar *eso* es orgullo.

¿Qué tal si un conducto dijera: «Hago tan poco, ojalá pudiera ser más útil»? La respuesta sería: «No eres tú, sino el agua que pasa a través de ti la que salva y bendice. Todo lo que tienes que hacer es ocuparte de que nada bloquee el camino para que el agua pueda fluir».

El único bloqueo que puede haber en el canal de ustedes es el ego. Manténganlo fuera, y sepan que mi Espíritu está fluyendo. Por eso, todo ha de ser mejor cuando estoy en contacto con ambas, porque son canales. Vean esto y pensarán que es natural saber que ellos son ayudados no por ustedes, sino por mi Espíritu que fluye a través de las dos como por un canal.

8 DE NOVIEMBRE

BORREN LA PIZARRA

Pero una cosa hago: olvidando ciertamente lo que queda atrás, y extendiéndome a lo que está delante, prosigo a la meta.
FILIPENSES 3:13-14

Oviden el pasado. Recuerden solo los días alegres. Borren la pizarra de su recuerdo con amor, lo cual borrará todo lo que no esté confirmado en amor. Han de olvidar *sus* defectos, los de ustedes y los de los demás. Bórrenlos del libro de sus recuerdos.

No morí en la cruz para que el hombre cargara con el peso de sus pecados. «Quien llevó él mismo nuestros pecados en su cuerpo sobre el madero».

Si no olvidan los pecados de los demás, y yo los cargo, entonces agregan pena a mi pena.

9 DE NOVIEMBRE

MARAVILLOSA AMISTAD

Piensen en mí como un Amigo, pero también tengan en cuenta el milagro de la Amistad. Tan pronto el hombre me da no solo alabanza y honor, obediencia y lealtad, sino también amorosa comprensión, entonces se convierte en mi amigo, como yo lo soy de él.

Lo que puedo hacer por ustedes. ¡Sí! Pero también lo que podemos hacer el uno por el otro. Lo que ustedes pueden hacer por mí.

El servicio de ustedes se vuelve diferente cuando sienten que cuento con su gran amistad para hacer esto o aquello por mí…

Perseveren más, perseveren mucho en este pensamiento de ustedes como amigos míos, y en la dulzura de que yo sé dónde acudir para encontrar amor, comprensión, ayuda.

10 DE NOVIEMBRE

NUEVAS FUERZAS

Recuerden que las dificultades y problemas de la vida no tienen como fin impedir su progreso sino aumentar su velocidad. Han de llamar a nuevas fuerzas y nuevos poderes a la acción.

Lo que sea que haya que vencer, vénzanlo. Recuerden esto. Es como en una carrera. Nada ha de detenerles. No permitan que una dificultad les gane. Ustedes han de vencerle.

Mi fuerza estará allí, esperándoles. Traigan todo su pensamiento, todo su poder a la acción. Nada es demasiado *pequeño* como para enfrentarlo y vencerlo. Si evitan las dificultades pequeñas, se estarán preparando para grandes problemas.

Elévense para conquistar. Este es el camino de la victoria que quiero que transiten. No puede haber fracaso conmigo.

«Y a aquel que es poderoso para guardaros sin caída, y presentaros sin mancha delante de su gloria con gran alegría...»

11 DE NOVIEMBRE

COLORES DEL CIELO

Mirando hacia atrás verán que cada paso fue planeado. Déjenme todo a mí. Cada una de las piedras en el mosaico encaja en el diseño perfecto, diseñado por el Artista Maestro.

¡Todo es tan maravilloso!

Pero los colores son del color del cielo, así que sus ojos no podrían soportar verlo todo completo hasta haber pasado detrás del velo.

Así, piedra a piedra, vean y confíen en el diseño del Diseñador.

12 DE NOVIEMBRE

EL GRITO SIN VOZ

Jesús, óyenos, y que nuestro clamor llegue a ti.

Ese grito sin voz que proviene de los corazones angustiados se oye por encima de toda la música del cielo.

No son los argumentos de los teólogos los que resuelven los problemas del corazón que pregunta, sino el grito de ese corazón hacia mí, y la certeza de que yo le he oído.

13 DE NOVIEMBRE

CADA PROBLEMA RESUELTO

El hombre tiene ideas muy raras sobre el significado de mi invitación: «Venid a mí». Con frecuencia esta ha sido interpretada como que urjo a pagar un impuesto que se debe a un Creador, o una deuda que tienen con un Salvador.

«Venid a mí» contiene una riqueza de significado que sobrepasa eso en mucho. «Venid a mí» para la solución de cada problema, para calmar cada miedo, para todo lo que necesiten... físico, mental, espiritual.

Enfermos, venid a mí por salud. Necesitados y sin hogar, venid a mí por un hogar. Solitarios, venid a mí para encontrar un amigo. Desesperanzados, venid a mí en busca de refugio.

«Venid a mí» para todo.

14 DE NOVIEMBRE

Desvíos

La vida no es fácil, hijos míos. El hombre ha hecho de ella algo que jamás fue la intención de mi Padre.

Los caminos que debían ser derechos han sido convertidos por el hombre en desvíos, en maldad, llenos de obstáculos y piedras de dificultad.

15 DE NOVIEMBRE

Por mi Espíritu

El hombre suele pensar que solo una vez en la historia entró en acción mi poder de obrar milagros. Esto no es así.

Dondequiera que el hombre confía solo en mí y me deja la elección del día y la hora, mi poder de obrar milagros se manifiesta, tan maravillosamente hoy como sucedía cuando estaba en la Tierra, como sucedió para liberar a mis apóstoles, o para obrar milagros y sanidades a través de ellos.

Confíen en mí. Tengan ilimitada fe en mí y verán, y viendo, me darán toda la gloria. Recuerden, y díganse a menudo: «No con ejército, ni con fuerza, sino con mi Espíritu, ha dicho Jehová de los ejércitos».

Permanezcan mucho en el pensamiento de todo lo que logré en la Tierra, y luego díganse: «Él, nuestro Señor, nuestro Amigo, puede lograr esto ahora en nuestras vidas».

Apliquen estos milagros a su necesidad de hoy, y sepan que su Auxilio y Salvación son cosa cierta.

16 DE NOVIEMBRE

La unión es poder

*Porque donde están dos o tres congregados en mi nombre,
allí estoy yo en medio de ellos.*
MATEO 18:20

Reclamen siempre esa promesa. Sepan que es verdad que cuando dos de los que me aman se reúnen, yo soy el Tercero. Jamás limiten esa promesa.

Cuando están ustedes dos juntas en mi Nombre, unidas por el vínculo de mi Espíritu, yo estoy allí. No solo cuando se reúnen para saludarme y oír mi Voz.

Piensen en lo que esto significa en poder. Es nuevamente la lección del poder que sigue a *dos que se unen para servirme*.

17 DE NOVIEMBRE

Vidas en calma

*Bien, buen siervo y fiel; sobre poco has sido fiel,
sobre mucho te pondré; entra en el gozo de tu señor.*
MATEO 25:21

Estas palabras se susurran en los oídos de muchos a quienes el mundo quizá pasaría por alto sin reconocerlos. No a los grandes, a los famosos del mundo, a ellos no se les dicen tan a menudo estas palabras, sino a los calmos y silenciosos seguidores que me sirven sin que se vea, y sin embargo con gran fidelidad, aquellos que cargan su cruz con valentía, sonriendo al mundo. Agradézcanme por las vidas en calma.

Estas palabras hablan no solo del pasaje hacia esa vida plena del Espíritu. El deber cumplido con fidelidad hacia mí significa entrar en una vida de gozo... mi gozo, el gozo de su Señor. El mundo quizá jamás vea ese paciente, humilde y silencioso servicio. Sin embargo, yo sí lo veo, y mi recompensa no es la fama de la tierra, la riqueza de la tierra, los placeres terrenales, sino el gozo Divino.

Sea aquí, o allá, en el mundo de la tierra o en el del Espíritu, esta en mi recompensa. Gozo. El gozo que da una excitación exquisita en medio del dolor, de la pobreza y el sufrimiento. Ese gozo del que dije que nadie podría quitárselos. La Tierra no tiene placer ni recompensa que puedan dar al hombre *ese* gozo. Solo lo conocen los que me aman, y mis amigos.

Este gozo puede venir no como recompensa de la actividad en mi servicio. Puede ser recompensa al sufrimiento paciente, soportado con valentía.

El sufrimiento, soportado junto a mí, ha de traer gozo con el tiempo, como sucede con todo contacto real conmigo.

18 DE NOVIEMBRE

GLORIA RESPLANDECIENTE

Levántate, resplandece; porque ha venido tu luz,
y la gloria de Jehová ha nacido sobre ti.
ISAÍAS 60:1

La gloria del Señor es la belleza de su carácter. Se alza sobre ustedes cuando la reconocen, aun cuando en la tierra solo pueden reconocerla parcialmente.

La belleza de la pureza y el amor de Dios es demasiado resplandeciente como para que los mortales puedan verla plenamente.

La gloria del Señor también se eleva sobre ustedes cuando reflejan esa gloria en sus vidas, cuando en amor, paciencia, servicio, pureza, lo que fuere, revelan al mundo algo del Padre, la certeza de que han estado conmigo, su Señor y Salvador.

19 DE NOVIEMBRE

COLINAS DEL SEÑOR

Alzaré mis ojos a los montes; ¿de dónde vendrá mi socorro?
Mi socorro viene de Jehová,
que hizo los cielos y la tierra.
SALMO 121:1-2

¡Sí!, alcen siempre sus ojos de la sordidez, la maldad y la falsedad de la tierra, hacia las colinas del Señor. De la pobreza, alcen sus ojos a la ayuda del Señor.

En momentos de debilidad, alcen sus ojos a las colinas del Señor.

Entrenen su visión mediante la constante práctica de alzar los ojos. Entrénenla para ver cada vez más, cada vez más lejos, hasta que los picos más distantes les sean conocidos.

Las colinas del Señor. Las colinas de donde proviene su ayuda. La tierra reseca mira hacia las colinas por sus ríos, sus arroyos, su vida. Miren ustedes también a las colinas. De esas colinas viene la ayuda. La ayuda del Señor... que hizo los cielos y la tierra.

Así, para todas sus necesidades espirituales, miren al Señor, quien hizo los cielos, y para todas sus necesidades temporales búsquenme a mí, dueño de todo esto, el Señor que hizo la tierra.

20 DE NOVIEMBRE

MISTERIOS

Sus esperanzas están en el Señor. Cada vez más, pongan sus esperanzas en mí. Sepan que lo que el futuro tiene preparado para ustedes, siempre tendrá cada vez más de mí. Esto no puede ser más que alegría y pleno gozo. Así en el cielo o en la tierra, dondequiera que estén, su camino ha de ser de sincero deleite.

No intenten encontrar por sí mismos las respuestas a los misterios del mundo. Aprendan a conocerme cada vez más, y en ese conocimiento tendrán todas las respuestas que necesitan aquí, y cuando me vean cara a cara, en ese mundo puramente espiritual, descubrirán que no necesitarán preguntar. Allí, nuevamente, todas sus respuestas estarán en mí.

Recuerden, fui la respuesta a tiempo a todas las preguntas del hombre sobre mi Padre y sus leyes. No conozcan la teología. Conózcanme a mí. Yo fui *la Palabra, el Verbo* de Dios. Todo lo que necesiten saber sobre Dios lo sabrán a través de mí. Si un hombre no me conoce, todas las explicaciones de ustedes fallarán ante un corazón que no responde.

21 DE NOVIEMBRE

IRRADIEN GOZO

No solo han de regocijarse, sino que su gozo ha de hacerse manifiesto. Conocido por todos los hombres. Una vela no ha de ocultarse, sino que hay que ponerla en un candelero para que dé luz a todos los que están en la casa.

Los hombres deben ver y conocer su gozo, y al verlo, saber sin duda alguna que surge de la confianza en mí, de vivir conmigo.

El duro camino de la resignación no es mi camino. Cuando entré en Jerusalén, sabiendo bien que el desprecio, el insulto y la muerte me esperaban, fue con gritos de Hosanna y con procesión triunfal. No eran solo unos pocos seguidores de «la causa perdida» los que me venían a saludar cuando entré en la ciudad. No hubo nota de tristeza en mi Última Cena, cuando hablé con mis discípulos, y «cuando hubieron cantado el himno», salimos al Monte de los Olivos.

Así que confíen, así que conquisten, así que regocíjense. El amor colorea el camino. El amor quita el aguijón del viento de la adversidad.

Amor. Amor. Amor a mí. La conciencia de mi presencia y de la de mi Padre, somos Uno, y Él —Dios— es amor.

22 DE NOVIEMBRE

SOLO EL AMOR PERDURA

Si yo hablase lenguas humanas y angélicas, y no tengo amor, vengo a ser como metal que resuena, o címbalo que retiñe.
1 CORINTIOS 13:1

Vean que solo el amor habla. Solo lo que se hace por amor perdura, porque Dios es amor, y solo la obra de Dios permanece.

La fama del mundo, el aplauso que se da al que habla lenguas humanas y angélicas, al que provoca admiración y atrae la atención, todo es dado a lo pasajero, y no vale nada si carece de esa cualidad de Dios: el amor.

Piensen en cómo una sonrisa o una palabra de amor parecen volar por el poder de Dios aunque parezcan simples, en tanto las potentes palabras de un orador pueden caer al suelo y no dar fruto jamás. La prueba de toda palabra y toda obra verdadera es: ¿Están inspiradas en el amor?

¡Si tan solo supiera el hombre lo vana que es gran parte de su actividad!

Mucho del trabajo hecho en mi Nombre no es reconocido por mí. En cuanto al amor: Quiten de sus corazones, de sus vidas, todo lo que no sea con amor, y darán mucho fruto, y por esto todos los hombres sabrán que son mis discípulos, porque sienten amor por los demás.

23 DE NOVIEMBRE

FURIAS DE LA TIERRA

Estas cosas os he hablado para que en mí tengáis paz.
En el mundo tendréis aflicción; pero confiad,
yo he vencido al mundo.
JUAN 16:33

Entonces podrían preguntar por qué ustedes, mis hijos, han de pasar tribulación si yo he vencido al mundo.

Mi victoria jamás fue, lo saben, para mí, sino para ustedes, para mis hijos. Cada tentación, cada dificultad, todo lo vencí a medida que se presentaba.

Los poderes del mal se esforzaron al máximo para ingeniar maneras de quebrantarme. Fracasaron, pero el modo en que fracasaron solo me era conocido a mí y a mi Padre, que podía leer mi Espíritu inquebrantable. El mundo, aun mis propios seguidores, veían una causa perdida. Insultado, escupido, azotado, pensaron que yo había sido derrotado. ¿Cómo podían saber que mi Espíritu estaba libre, sano, sin quebranto alguno?

Y así, como vine a mostrarle a Dios a los hombres, he de mostrarles a Dios victorioso, ileso, sin haber sido tocado por el mal y su poder. El hombre no pudo ver que mi Espíritu no había sido tocado, que se había elevado por sobre las furias y odios de la tierra, hacia el Lugar Secreto del Padre. Pero sí pudo ver mi cuerpo resucitado y aprender con ello que aun los últimos intentos del hombre no habían tenido poder alguno sobre mí.

Aliéntense en eso, anímense, porque han de compartir mis tribulaciones.

Y en mi poder de conquista, hoy caminan ustedes ilesos.

24 DE NOVIEMBRE

SUFRIR PARA SERVIR

Consideren los sucesos de cada día como una obra que pueden hacer para mí. En ese Espíritu una bendición acompañará todo lo que hagan. Ofrecer el servicio de su día a mí, de ese modo, es compartir en la obra de mi vida, y por lo tanto, ayudarme a salvar a mi mundo.

Quizá no lo vean, pero el poder del sacrificio voluntario es redentor más allá del entendimiento humano aquí en la Tierra.

25 DE NOVIEMBRE

MENDIGO CELESTIAL

He aquí, yo estoy a la puerta y llamo.
APOCALIPSIS 3:20

¡Oh!, piensen de nuevo en estas palabras y aprendan de ellas mi gran humildad.

Hay una invitación también para quienes anhelan encontrar la felicidad, el descanso y la satisfacción que jamás encontrarán en el mundo y sus emprendimientos. Para ellos la respuesta a su búsqueda es: «Venid a mí ... y yo os haré descansar».

Pero a quienes no sienten necesidad de mí, a los que con obstinación me rechazan, a los que cierran las puertas de sus corazones para que yo no pueda entrar, a ellos voy, en anhelo tierno y humilde. Aun cuando encuentro todo cerrado, con rejas, sigo allí, como mendigo, llamando y llamando. El Mendigo Celestial en su gran humildad.

Jamás piensen en los que les han cerrado las puertas, o en quienes les han olvidado, que ahora ellos han de esperar, ustedes no tienen necesidad de ellos ¡No! Recuerden al Mendigo Celestial, y aprendan de mí la humildad.

Aprendan también el valor de la felicidad de cada persona, y la paz y el descanso, ante mí, su Dios; y aprendan, y aprendiendo oren para copiar la Inquietud Divina, hasta que un alma encuentra reposo y paz en mí.

26 DE NOVIEMBRE

MI BELLEZA

El profeta conoció la verdad de lo que dije más tarde: «El que tiene oídos para oír, oiga», la cual también podría decirse como: «El que tiene ojos para ver, vea».

El Dios que iba a nacer en la tierra no podía tener un cuerpo tan hermoso que los hombres le siguieran y adoraran por la belleza de su rostro.

¡No! Tenía que ser Alguien a quien el mundo despreciara, pero para el ojo que ve, el Espíritu que habitaba en ese cuerpo debía ser tan hermoso que nada le faltaba. «No hay parecer en él, ni hermosura; le veremos, mas sin atractivo para que le deseemos».

Oren por el ojo que ve, por ver la belleza de mi carácter, de mi Espíritu. Más aun, como la fe vio la belleza de Dios en Alguien que no se veía bello, oren para tener esa fe y así poder ver la belleza de mi amor en la manera en que los trato, en mis acciones. Entonces, en aquello que el mundo distorsiona con crueldad y dureza, ustedes, con los ojos de la fe, verán todo lo que pudieran desear.

Conózcanme. Háblenme. Déjenme hablar con ustedes para poder mostrarle a su corazón de amor lo que parece ahora misterioso o sin propósito («sin atractivo»).

27 DE NOVIEMBRE

NO ANULAR

No nuestra voluntad, sino la tuya, Oh, Señor.

El hombre me ha malinterpretado mucho en esto. No quiero una voluntad que se ofrece sobre mi altar a regañadientes. Quiero que deseen y amen mi voluntad, porque allí está su felicidad y el reposo del Espíritu.

Cada vez que sientan que no pueden dejar que yo decida, entonces oren, no para que puedan aceptar mi voluntad, sino para que me conozcan y me amen más. Con ese conocimiento y con el amor vendrá la certeza de que yo sé mejor qué hacer, y que solo quiero lo mejor para ustedes y los suyos.

¡Qué poco me conocen los que creen que quiero anularlos! Son muchas las veces que respondo a sus oraciones de la manera más rápida y mejor.

28 DE NOVIEMBRE

EL CAMINO DEL ESPÍRITU

Jesús, venimos a ti con gozo.

El gozo de conocerme debiera llenar sus vidas cada día más. Así será. Sus vidas primero han de estrecharse cada vez más, hasta un círculo interior de vida conmigo (nosotros tres), y luego, a medida que esa amistad crece y nos vincula más y más, gradualmente el círculo de sus intereses se ensanchará.

Por ahora no piensen que es una vida rigurosa. Tengo un propósito, mi amoroso propósito, al apartarlas por el momento de otros intereses y tareas.

El trabajar a partir de grandes intereses y el deseo de grandes actividades y movimientos mundiales, para llegar al círculo de la vida interior conmigo, es en realidad el camino equivocado. Es por eso que muchas veces cuando a través de tantas actividades e intereses un alma me encuentra, tengo que comenzar nuestra amistad cortando todas esas ataduras que lo vinculan con el círculo exterior, más amplio. Pero cuando ha adquirido fuerzas y aprendido su lección en el círculo interno, entonces puede ensanchar su vida, trabajando esta vez desde dentro hacia fuera, ocupándose de cada contacto, cada amistad, y llevándola hacia la influencia del círculo interior.

Así ha de ser en sus vidas.

Este es el camino del Espíritu. Y el hombre no lo entiende la mayoría de las veces.

29 DE NOVIEMBRE

Cuando dos están de acuerdo

Si dos están de acuerdo.

Yo soy la Verdad. Cada una de mis palabras es verdad. Cada una de mis promesas se cumplirá.

Primero, «congregados en mi nombre», unidos por una lealtad común hacia mí, deseosos de hacer solo mi voluntad.

Entonces, cuando esto sucede, yo también estoy presente como huésped que se invita solo, y cuando estoy allí, y somos uno mismo, expresando la misma petición, haciendo mías sus necesidades, la respuesta es segura.

Pero lo que el hombre no ha llegado a ver es *todo* lo que hay detrás de las palabras. Porque dos que estén de acuerdo sobre la sabiduría de un pedido, sobre la certeza de que *debe* ser garantizado y de que lo será (si es que debiera serlo), no es lo mismo que dos que se ponen de acuerdo para orar por este pedido.

30 DE NOVIEMBRE

Del yo a Dios

El eterno Dios es tu refugio.
Deuteronomio 33:27

Un lugar donde esconderse, un santuario. Para escapar de los malos entendidos, *de ustedes mismos*. Pueden escapar de los demás hacia la calma de su propio ser, pero de ustedes mismos, de la sensación de fracaso, de su debilidad, sus pecados y defectos, ¿adónde irán?

Al Eterno Dios, su refugio. Hasta que en su inmensidad olviden la pequeñez, la mezquindad y las limitaciones propias.

Hasta que el alivio de la seguridad se funda con el gozo de la apreciación de su refugio y absorban lo Divino, y haciendo esto, obtengan fuerzas para conquistar.

1 DE DICIEMBRE

Responsabilidad

Estoy junto a ustedes. Un Jesús muy humano que entiende todas sus debilidades y ve sus esfuerzos, batallas y conquistas.

Recuerden, fui el compañero del débil. Dispuesto a proveer para saciar su hambre. Enseñando a mis seguidores su responsabilidad hacia todos, no solo a los que amaban o estaban cerca, sino a la multitud.

«Despídelos para que vayan a los campos y aldeas de alrededor, y compren pan, pues no tienen qué comer», dijeron mis discípulos, sin comprensión por los hombres, mujeres y niños que tenían hambre.

Sin embargo, yo enseñé que la comprensión divina incluye responsabilidad. «Dadles vosotros de comer», fue mi respuesta. Enseñé que la compasión, sin remedio por el mal o la necesidad, de nada sirve.

«Dadles vosotros de comer». Dondequiera que vaya su compasión, han de ir ustedes también si es posible. Recuerden esto al pensar en sus propias necesidades, y reclamen de mí la misma actitud hoy.

El sirviente no está por encima de su Amo, tampoco en cuanto a logros espirituales, y lo que enseñé a mis discípulos, lo hago yo también.

Así que, hambrientos y necesitados junto al lago de la vida, sepan que yo proveeré, no mezquinamente o bajo protesta, sino en plena medida.

2 DE DICIEMBRE

El hombre ideal

Acérquense, quítense los zapatos, y vengan en silencioso temor y adoración. Acérquense como Moisés se acercó a la zarza ardiente.

Les doy la amorosa intimidad de un Amigo, pero sigo siendo Dios, y el milagro de nuestra relación, de su intimidad conmigo, tendrá mayor significado para ustedes si de tanto en tanto ven la majestuosa figura del Hijo de Dios.

Acérquense en plena confianza, que es la oración sublime. Vengan cerca. No rueguen desde lejos a un Dios vestido con la majestuosidad del fuego. Vengan más cerca. Más cerca, no como suplicantes, sino para escuchar. Yo proveo, al darles a conocer mis deseos. Porque este Majestuoso Dios también es Hermano que anhela con intensidad que sirvan a otros seres humanos que igualmente son sus hermanos, y que anhela con mayor ardor aun que sean fieles a esa visión que Él tiene de ustedes.

Hablan de sus pares, que los desilusionan porque no llegan a cumplir el ideal que tienen ustedes de ellos. ¿Y qué hay de mí? Porque para cada persona existe el ser humano ideal que yo veo en ella. El ser humano que puede llegar a ser, el hombre que quiero que sea.

Juzguen a mi corazón cuando ustedes no llegan a cumplir esa promesa. Las desilusiones del hombre pueden ser muchas y grandes, pero no son nada comparadas con las mías. Recuerden esto y esfuércense por ser el amigo que veo en mi visión de ustedes.

3 DE DICIEMBRE

VIAJEN CONMIGO

No inquieten a su alma con acertijos que no pueden resolver. Quizá jamás vean la solución hasta que hayan dejado esta vida de carne.

Recuerden lo que les dije tantas veces: «Aún tengo muchas cosas que deciros, pero ahora no las podéis sobrellevar». Solo paso a paso, etapa por etapa, pueden avanzar en su viaje hacia arriba.

La única cosa de la que han de estar seguros es que este viaje es conmigo. Hay un gozo que conocen los que sufren conmigo. No es resultado del sufrimiento, sino de la intimidad conmigo, a la cual ese sufrimiento les conduce.

4 DE DICIEMBRE

VARÓN DE DOLORES

Despreciado y desechado entre los hombres, varón de dolores, experimentado en quebranto; y como que escondimos de él el rostro, fue menospreciado, y no lo estimamos.
ISAÍAS 53:3

El que estas palabras impriman una nota de belleza en los corazones de aquellos que se sintonizan para oír lo hermoso, muestra en verdad que el corazón reconoce la necesidad del Varón de Dolores. Esto no parece ser evidente ante el desprecio que Él recibe de parte del mundo.

Una de las cosas que mis discípulos han de buscar hacer siempre es apartar la valoración del mundo y juzgar solo según los valores del cielo. No busquen los elogios y la atención de los hombres. Ustedes siguen a un Cristo despreciado. Vean, la multitud abuchea, apedrea, se burla, y sin embargo en ese pequeño grupo hay una felicidad y un gozo que las multitudes insultantes jamás podrían llegar a conocer.

En sus horas oscuras, cuando la ayuda humana no llega, manténganse muy cerca del Varón de Dolores. Sientan mi mano de amor, que aprieta la de ustedes en comprensión silenciosa pero plena. Yo también conocí la pena. No hay corazón que se duela sin que el mío lo haga también. «Fue menospreciado, y no lo estimamos».

5 DE DICIEMBRE

LA LEY DE LA PROVISIÓN

La primera ley del dar proviene del mundo espiritual. Den a todos los que encuentren, o a todos con quienes cruzan sus vidas, den sus oraciones, su tiempo, a sí mismos, su amor, su pensamiento. Han de poner en práctica primero *este* dar.

Luego den de los bienes y el dinero de este mundo, así como se les dio a ustedes. Dar cosas materiales y dinero sin primero haber formado el hábito diario, de cada hora, que incluso vaya en aumento, de dar en el plano más alto, está mal.

Den, den, den lo mejor que tienen a todos los que lo necesiten.

Sean grandes dadores, grandes dadores. Den como dije que da mi Padre en el cielo.

Como Él, que hace que su sol brille sobre el malo y el bueno, que envía lluvia sobre el justo y el injusto. Recuerden, como les dije antes, que deben dar según la necesidad, y nunca según la recompensa. Al dar, den pensando en proveer a una necesidad real, y al hacerlo se parecerán más a ese Padre celestial, el Gran Dador.

Al recibir han de proveer para las necesidades de aquellos que traigo a sus vidas. Sin cuestionar, sin limitar. No importa la relación que tengan con ustedes, si es cercana o no. Solo su necesidad ha de guiarles. Oren para llegar a ser grandes dadores.

6 DE DICIEMBRE

Esperen la tentación

Señor, danos poder para conquistar la tentación como tú lo hiciste en el desierto.

El primer paso para conquistar la tentación es verla como lo que es. Apártense de ella. No para pensar en ella como algo resultante de su cansancio, o enfermedad, o pobreza o nervios, cuando sienten que podrían excusarse por entregarse, sino sabiendo primero plenamente que cuando han oído mi voz («los cielos le fueron abiertos», digamos), y van a cumplir con su misión de trabajar para mí y acercar las almas a mi presencia, han de esperar un fuerte golpe del malvado, que se esforzará todo lo posible para frustrarles e impedir su buena obra. Esperen eso.

Luego, cuando lleguen esas pequeñas tentaciones u otras más grandes, las reconocerán como un plan del malvado para impedirme. Entonces, por ese mismo amor a mí, conquistarán.

7 DE DICIEMBRE

ALIMENTO PARA LA VIDA

Yo tengo una comida que comer, que vosotros no sabéis.

Estas fueron mis palabras a mis discípulos a comienzos de mi ministerio. Luego les llevaría a un mayor entendimiento de esa Majestuosa Unión de un alma con Dios en la que la fuerza, la vida y el alimento pasan de Uno al otro.

El alimento es para sustento del cuerpo. Hacer la voluntad de Dios es la misma fuerza, el sustento de la Vida. Aliméntense con ese alimento.

El alma muere de hambre cuando no lo hace, y se deleita cuando hace mi voluntad. ¡Qué ocupado está el mundo con su discurso sobre cuerpos desnutridos! ¿Y qué hay de las almas desnutridas?

Hagan que cumplir mi voluntad sea su alimento. La fuerza y el poder vendrán a ustedes a partir de ello.

8 DE DICIEMBRE

MI REINO

*De cierto, de cierto os digo: El que en mí cree,
las obras que yo hago, él las hará también;
y aun mayores hará, porque yo voy al Padre.*
JUAN 14:12

Mientras estuve en la tierra, para quienes estaban en contacto conmigo, la mía era una causa perdida. Aun mis discípulos creyeron, dudando a medias, con asombro.

Cuando todos me dejaron y se fueron, no fue tanto por el miedo ante mis enemigos como por la certeza de que mi misión, por hermosa que se viera, había fracasado.

A pesar de todo lo que les había enseñado, a pesar de la revelación de la Última Cena, secretamente tenían la seguridad de que cuando llegara el momento final y los fariseos declararan su odio contra mí, yo entraría en acción, liderando a mis muchos seguidores para fundar mi reino terrenal. Hasta los discípulos que tenían ojos para ver mi Reino espiritual creyeron que las fuerzas materiales habían sido más fuertes, demasiado para mí.

Pero con mi resurrección vino la esperanza. La fe revivió. Se recordaban unos a otros todo lo que yo había dicho. Tenía la certeza de mi divinidad, de que era el Mesías. Y tendría todo mi poder en lo que no se ve —el Espíritu Santo— para ayudarles.

Los que vivieran en el Reino deberían hacer la obra... obras más grandes que las que hice yo. No mostrando mayor poder, ni viviendo vidas más grandiosas, sino que al ser hombres que reconocían mi Divinidad, la oportunidad de obrar en mi nombre aumentaría.

9 DE DICIEMBRE

RECOMPENSA DE LA BÚSQUEDA

Señor, todos los hombres te buscan.

Todos los hombres me buscan, pero no todos saben lo que quieren. Están buscando, insatisfechos y sin ver que yo soy el objeto de su búsqueda.

Cuenten como su mayor gozo el ser el medio, a través de sus vidas, sufrimientos, palabras y amor, de probar a los que buscan que ustedes saben que la búsqueda terminará cuando me vean.

Aprovechen mi ejemplo. Dejé mi obra —la mayor aparentemente— la de salvar almas, para buscar comunión con mi padre. ¿Sabía yo quizá que se trataba de una ociosa curiosidad en la mayoría de los hombres? ¿Sabía que no hay que apresurarse para entrar al Reino, sino que la vocecita quieta y no los gritos de la multitud sería lo único que convencería a los hombres de que yo era el Hijo de Dios?

¿Por qué rodearme de multitudes si las multitudes no buscaban realmente aprender de mí, seguirme? Sigan al Cristo hacia los lugares tranquilos de oración.

10 DE DICIEMBRE

TIEMPO DE SILENCIO

Habrá muchas veces en que no revelaré nada, no daré mandamiento, no daré guía. Pero su camino está claro y su obra crece día a día hacia un mayor conocimiento de mí. Que este tiempo en silencio conmigo les permita hacer esto.

Puedo pedirles que se sienten ante mí en silencio, y puedo no decir nada, y entonces no tendrán nada que *escribir*. Y al mismo tiempo, esa espera conmigo les traerá consuelo y paz. Solo los amigos que se aman y entienden pueden esperar en silencio en presencia del otro.

Y puede ser que ponga a prueba su amistad pidiéndoles que esperen en silencio mientras yo descanso con ustedes, seguro de su amor y comprensión. Así esperen, así amen, así gócense.

11 DE DICIEMBRE

Don del amanecer

Para quienes la vida ha estado llena de luchas y preocupaciones, a los que han sentido como ustedes dos la tragedia de vivir, la compasión de un corazón que agoniza por mi pobre mundo… a esos seguidores míos les doy esa paz y ese gozo que hace madurar su segunda primavera, la juventud que han sacrificado por mí y por mi mundo…

Tomen cada día ahora como un gozoso don de amanecer conmigo. Las simples tareas cotidianas realizadas en mi fuerza y amor les traerán conciencia de sus más altas esperanzas. Esperen grandes cosas. Esperen grandes cosas.

12 DE DICIEMBRE

Sin preocupación alguna

El amor perfecto echa fuera el temor.
1 Juan 4:18

El amor y el temor no pueden convivir. Por su misma naturaleza no pueden coexistir. El mal es poderoso, y el miedo es una de las fuerzas más potentes del mal.

Por eso un amor débil y vacilante pronto caerá en el miedo, mientras un amor perfecto, confiado, de inmediato se transforma en conquistador, y el miedo derrotado huye confundido.

Yo soy amor porque Dios es amor, y yo y el Padre uno somos. Así que la única forma de obtener este perfecto amor que echa fuera al temor es teniéndome a mí cada vez más en sus vidas. Solo pueden echar fuera el temor con mi presencia y mi nombre.

Miedo al futuro... Jesús estará con nosotros.

Miedo a la pobreza... Jesús proveerá (Y así, ante todas las tentaciones de miedo).

No han de permitir que entre el temor. Hablen conmigo. Piensen en mí. Hablen de mí. Ámenme. Y esa sensación de mi poder les poseerá de tal manera que no habrá miedo que pueda poseer su mente. Sean fuertes en este, mi amor.

13 DE DICIEMBRE

GUÍA PERPETUA

Plenitud de gozo. El gozo de la Guía Perpetua. El gozo de saber que cada detalle de sus vidas es planificado por mí, pero planificado con abundancia de ternura y amor.

Esperen guía a cada paso. Esperen a que les muestre mi camino. El pensamiento de esta amorosa guía ha de darles gran gozo. Toda la responsabilidad de la vida, quitada de sus hombros. Toda preocupación de negocios, quitada de sus hombros. Es en realidad un gozo para ustedes sentirse tan libres, aun con todo tan planificado. ¡Oh!, el milagro de esta vida guiada por Dios. Pensar que algo es imposible en tales circunstancias es decir que yo no puedo hacerlo. Y decir esto es negarme a mí.

14 DE DICIEMBRE

TORMENTAS

Nuestro amoroso Señor, te agradecemos por tu maravilloso poder de protección.

No hay milagro tan maravilloso como el milagro de un alma protegida por mi poder. Las fuerzas del mal golpean con tormentas, pero no pueden contra ello. Las tempestades furiosas obran en vano. Es como un fresco jardín con dulces flores y abejas, mariposas y árboles, y fuentes de agua en medio de una ciudad ruidosa. Intenten ver sus vidas de este modo.

No solo calmos e imperturbables, sino respirando fragancia, expresando belleza. Sepan esto: no pueden estar unidos en su gran amistad y vínculo para hacer mi obra, y en su gran amor por mí, sin excitar la envidia, el odio y la malicia de todos lo que encuentren y que no están de mi lado.

¿Qué es lo que ataca el enemigo? Las fortalezas, no el desierto vacío.

15 DE DICIEMBRE

MI SOMBRA

Aprendan que cada día hay que vivirlo en mi poder y con una conciencia de mi presencia, aun cuando la excitación del gozo parezca ausentarse. Recuerden que si aparecen sombras en sus vidas, no es porque mi presencia se retiró. Es mi sombra, porque estoy parado entre ustedes y sus enemigos.

Incluso con sus seres más queridos y cercanos habrá días de silencio. Y ustedes no dudan de su amor porque no oyen su risa y sienten el gozo de su cercanía.

Los días grises y silenciosos son días de deber. Trabajen con una certeza calma de que estoy con ustedes.

16 DE DICIEMBRE

QUÉ ES EL GOZO

*Señor, danos tu gozo, ese gozo que no puede quitarnos
ni el hombre, ni la pobreza, ni las circunstancias
ni las condiciones.*

Tendrán mi gozo. Pero la vida ahora para ustedes dos es una marcha, una marcha de esfuerzo... El gozo vendrá, aunque por el momento no han de pensar en ello, piensen solamente en la marcha. El gozo es la recompensa...

Entre mi promesa del don de gozo a mis discípulos, y su conocimiento de este del gozo, hubo desilusión, sensación de fracaso, negación, abandono, desesperanza y luego esperanza, espera y coraje ante el peligro.

El gozo es la recompensa de buscarme con paciencia en los días oscuros, de confiar cuando no podían ver... el gozo es la respuesta de su corazón a mi sonrisa de reconocimiento ante su fidelidad.

Dejen de pensar que sus vidas están mal si no lo sienten... Recuerden que quizá todavía no estén gozosos, y sean valientes, porque el coraje y el pensamiento desinteresado en los demás son señales seguras del verdadero discipulado en gozo.

17 DE DICIEMBRE

Condiciones de bendición

Jesús, te amamos.
Vemos que todas las cosas son planeadas por ti.
Nos regocijamos en esa visión.

Regocíjense en el hecho de que son míos. Los privilegios para los miembros de mi Reino son muchos. Cuando dije refiriéndome a mi Padre: «Que hace salir su sol sobre malos y buenos, y que hace llover sobre justos e injustos», observarán que hablaba de bendiciones temporales y materiales.

No quise decir que el creyente y el no creyente serían tratados por igual. Eso no es posible; yo puedo enviar lluvia y sol, dinero y bendiciones terrenales por igual a ambos, pero con la bendición del Reino sería imposible hacerlo.

Hay condiciones que controlan el otorgamiento de estas bendiciones. Mis seguidores no siempre lo entienden, y es necesario que lo hagan si recuerdan lo que dije a continuación: «Sed, pues, vosotros perfectos, como vuestro Padre que está en los cielos es perfecto».

Intentar dar a todos por igual su amor, comprensión y pensamiento sería imposible. Pero las bendiciones temporales sí pueden darlas, como lo hace mi Padre. Todo ha de hacerse en amor y en el espíritu del sincero perdón.

18 de diciembre

Vean milagros

Consideren el camino de sus pensamientos hacia el mismo corazón de mi Reino. Vean la abundancia de deleites que hay en mi reserva, y tómenla con ansias.

Vean las maravillas, pidan las maravillas, lleven las maravillas con ustedes. Recuerden esta hermosa tierra sobre la cual fueron una vez solo una idea en la mente Divina. Piensen en cómo a partir de esta idea un rincón se convirtió en el Jardín del Señor, el Hogar de Betania para su maestro, un lugar donde tengo derecho a traer a mis amigos, mis necesitados, para que hablen y descansen conmigo.

19 de diciembre

Amor perfecto

Señor nuestro, danos ese perfecto amor tuyo
que echa fuera todo miedo.

Jamás se permitan sentir miedo de nada ni de nadie. No tengan miedo de que yo les falle. No teman que su fe les fallará. No teman a la pobreza o la soledad. No teman no conocer el camino. No teman a los demás. No teman a ser malinterpretados.

Hijos míos, al echar fuera todo miedo, están haciendo lo que resulta de un amor perfecto, un amor perfecto a mí y a mi padre. Háblenme de todas las cosas. Escúchenme en todo momento. Sientan mi tierna cercanía, que sustituye enseguida todo pensamiento de miedo.

Los poderes del mal los ven a ustedes como una fuerza de ataque ve a una ciudad con centinelas... buscando siempre el punto débil donde atacar para poder entrar. Así acecha el mal a su alrededor y busca sorprenderlos donde tengan miedo.

El miedo puede haber sido pequeño, pero le da al mal un punto débil de ataque y entrada, y entonces ingresa presurosa la duda sobre mí, la queja y tantos otros pecados. Oren, amados hijos, por ese perfecto amor mío que de forma genuina echa fuera todo miedo.

20 DE DICIEMBRE

Depresión

Peleen contra el miedo como contra una plaga. Peleen en mi Nombre... El miedo, aun el más pequeño, es un hachazo a las cuerdas de amor que los atan a mí.

Por pequeña que sea la huella que deje, con el tiempo esas cuerdas se debilitan y luego una desilusión o un impacto pueden cortarlas. Si no fuera por esos pequeños miedos las cuerdas del amor habrían soportado el golpe.

Peleen contra el miedo.

La depresión es un estado de miedo. Peleen contra ella también. Peleen. Peleen. La depresión es la impronta que deja el miedo. Pelee y conquisten, y ¡oh!, por amor a mí, por el bien de mi tierno e inquebrantable amor por ustedes, pelee, amen y venzan.

21 de diciembre

Sonrían con indulgencia

Hijos, tomen cada momento como parte de mi plan y mi orden. Recuerden que su Maestro es el Señor de todos los pequeños sucesos de cada día. En todas las cosas pequeñas entréguense a mi suave presión sobre su brazo. Continúen o desistan, según esa presión, la presión del amor, les indique.

El Señor de los momentos, Creador del copo de nieve y del majestuoso roble. Más tierno con el copo de nieve que con el roble.

Y cuando las cosas no salgan según sus planes, sonrían con indulgencia hacia mí, una sonrisa de amor, y digan como le dirían a alguien que aman: «Hazlo a tu modo, entonces»... sabiendo que mi amorosa respuesta será facilitarles el camino para que sus pies lo recorran sin dificultad.

22 de diciembre

Practiquen protección

No teman al mal porque yo lo conquisté. Él tiene poder de lastimar solo a los que no se ponen bajo mi protección. Esto no es una cuestión de sentimiento, sino una realidad, un hecho seguro.

Todo lo que tienen que hacer es decir con certeza que cualquier cosa que sea no podrá lastimarles, porque yo la conquisté. Hijos, no solo en las cosas grandes, sino en las pequeñas de todos los días, estén seguros de mi poder de conquista. Sepan que todo está bien. Estén seguros de ello. Practíquenlo. Apréndanlo hasta que sea infalible, un instinto en ustedes.

Pero practíquenlo en las cosas pequeñas, y entonces encontrarán que surge de forma natural, amorosa y confiada en las cosas grandes de la vida.

23 DE DICIEMBRE

CANCIÓN DEL MUNDO

Bendícenos, oh Señor, te rogamos y muéstranos el camino por el que quieres que andemos.

Caminen conmigo en el camino de la paz. Donde quiera que vayan, esparzan paz, no discordia. Pero ha de ser mi paz. Jamás una paz que sea una tregua con el poder del mal. Nunca una armonía que signifique que la música de sus vidas se adapta al humor y la música del mundo.

Mis discípulos a menudo cometen el error de pensar que todo tiene que ser armonioso. ¡No! No cuando significa cantar la canción del mundo.

Yo, el Príncipe de paz, dije que «no he venido para traer paz, sino espada».

24 DE DICIEMBRE

VIENE

Señor nuestro, estás aquí. Permítenos sentir tu cercanía.

¡Sí! Pero recuerden que el primer saludo ha de ser como el de los magos en el establo de Belén. No han de saludarme primero como a un Rey y Señor en triunfo celestial, sino como al más sencillo, al más humilde, sin la pompa de la tierra, como lo hicieron los magos.

Así para el humilde —el Bebé de Belén— la adoración de la humildad ha de ser el primer saludo.

Luego, la adoración de arrepentimiento. Como pecadores de la tierra, ustedes están junto a mí en el Jordán, bautizados por Juan, adorándome a mí, el Amigo y Sirviente de los pecadores.

Permanezcan mucho en mi vida. Apártense para estar conmigo. Compartan todo conmigo. La humildad, el servicio, la adoración, el sacrificio, la santificación... estos son pasos en la vida cristiana.

25 DE DICIEMBRE

EL BEBÉ DE BELÉN

Arrodíllense ante el Bebé de Belén. Acepten la verdad de que el Reino de los Cielos es para los humildes, los sencillos.

Tráiganme a mí, el niño Cristo, sus regalos, en verdad los regalos de los más sabios de la tierra.

El oro — su dinero.

El incienso — la adoración de una vida consagrada.

La mirra — cuando comparten mi dolor y el del mundo.

«Y le ofrecieron presentes: oro, incienso y mirra».

26 DE DICIEMBRE

SALUD Y RIQUEZA

No teman; la salud y la riqueza están viniendo a ustedes. Mi riqueza, que es la suficiencia para sus necesidades y para mi obra, la cual anhelan cumplir.

El dinero, como llaman algunos a la riqueza, ya sea para guardarlo u ostentarlo, ustedes saben que no es para mis discípulos.

Viajen por este mundo buscando simplemente los medios para cumplir mi voluntad, mi obra. Nunca guarden algo que no usen. Recuerden que todo lo que les doy será mío, solo se los proporciono para que lo usen. ¿Se les ocurriría que yo podría guardar mis tesoros? Jamás han de hacer esto. Confíen en mí.

La reserva para el futuro es miedo, duda de mí. Verifiquen cada duda sobre mí enseguida. Vivan en el gozo de mi constante presencia. Entréguenme cada momento. Hagan cada tarea, por sencilla y humilde que sea, como pedida amablemente por mí, para mí, por amor a mí. Así vivan, así amen, así trabajen.

Son los apóstoles de los pequeños servicios.

27 DE DICIEMBRE

GLORIOSA OBRA

Les he quitado mucho para que en verdad vivan en bienestar. Construyan piedra a piedra sobre cimiento firme, sobre esa Roca que es su Maestro... esa Roca que es Cristo.

Han de tener una vida de disciplina y gozoso cumplimiento... Jamás pierdan de vista la gloriosa obra a la que han sido llamados.

Que la riqueza y la comodidad no les desvíen del camino de obrar milagros conmigo, ese camino sobre el que están sus pies ahora. Rían y Amen. Confíen y oren. Vayan ahora, en amorosa humildad hacia la victoria.

28 DE DICIEMBRE

SEÑALES Y SENTIMIENTOS

Señor nuestro, estás aquí.
Haz que sintamos tu cercanía.

Estoy aquí. No necesitan *sentir* demasiado. Pedir sentir demasiado es pedir una señal, y entonces la respuesta será la misma que di cuando estaba en la tierra. «Pero señal no le será dada, sino la señal del profeta Jonás. Porque como estuvo Jonás en el vientre del gran pez tres días y tres noches, así estará el Hijo del Hombre en el corazón de la tierra tres días y tres noches».

Velado ante la vista del que no cree. Sin embargo, para el que cree, el velo es solo temporal, seguido de la gloriosa Resurrección…

¿Qué importa lo que sienten? Lo que importa es lo que soy, fui y siempre seré para ustedes: un Señor Resucitado… *el sentimiento* de que estoy con ustedes puede depender de un humor pasajero, del cambio de circunstancias, de pequeñeces.

A mí no me influyen las circunstancias… la Promesa mía se mantiene. Estoy aquí, uno con ustedes, en tierna y amorosa amistad.

29 DE DICIEMBRE

TRABAJO Y ORACIÓN

El trabajo y la oración representan las dos fuerzas que garantizarán su éxito. Su trabajo y el mío.

Porque la oración, la oración con fe, se basa en la certeza de que yo estoy trabajando por ustedes, con ustedes, y en ustedes.

Avancen gozosos y sin miedo. Yo estoy con ustedes. Con los hombres su tarea puede ser imposible, pero con Dios todas las cosas son posibles.

30 DE DICIEMBRE

PESCADORES DE HOMBRES

Cuando piensan en aquellos de quienes han leído que sufrían angustia, ¿piensan en cómo mi corazón se conduele con el mismo sufrimiento, con la misma angustia?

Si vi la ciudad y lloré por ella, cuánto más lloraré con dolor por la agonía de estos corazones en pena, por las vidas que buscan vivir sin mi poder de sustento.

Ellos no vendrán a mí para que pueda tener vida.

Vivan para traer a otros hacia mí, la única fuente de felicidad y paz en el corazón.

31 DE DICIEMBRE

JESÚS EL CONQUISTADOR

Jesús. Ese es el Nombre con el que conquistan. Jesús.
Digan mi Nombre no como suplicantes temerosos, sino como quienes reconocen a un Amigo... Jesús. «Llamarás su nombre JESÚS, porque él salvará a su pueblo de sus pecados».

Y en esa palabra «pecados» no lean solo vicio y degradación, sino duda, temor, humores, protesta, impaciencia, falta de amor en las cosas grandes y pequeñas. Jesús. «Salvará a su pueblo de sus pecados». La sola mención del Nombre eleva al alma por sobre las irritaciones menores en el valle, hacia las altas montañas. «Salvará a su pueblo de sus pecados». Salvador y amigo, traedor de gozo y rescatador, líder y guía... Jesús.

¿Necesitan liberación de la cobardía, de las circunstancias adversas, de la pobreza, del fracaso y la debilidad?

«No hay otro Nombre... en que podamos ser salvos»... *Jesús*. Díganlo a menudo. Reclamen el poder que este nombre trae.